500
jus & smoothies

500
jus & smoothies

Christine Watson

Éditions
de La Martinière

Une publication du département éditorial *Art de vie*

Édition originale

Première édition en 2007 par Apple Press,
7 Greenland Street, London NW1 0ND
Sous le titre *500 Juices & Smoothies*

Direction éditoriale : Donna Gregory
Direction artistique : Robert Davies
Correction : Diana Chambers
Index : Dorothy Frame
Maquette : Dean Martin
Direction artistique : Sofia Henry
Photographies : Ian Garlick
Suivi éditorial : Gillian Laskier

Édition française

Retrouvez-nous sur editionsdelamartiniere.fr

Adaptation et réalisation : ●●● **MediaSarbacane**
Traduction : Ludivine Verbeke

ISBN : 978-2-7324-4696-7
Dépôt légal : mars 2013

Achevé d'imprimer en juin 2013
Par 1010 Printing International Limited, en Chine

Photo de couverture :
© Quintet Publishing/Ian Garlick

Sommaire

Introduction 6

Smoothies basiques 14

Smoothies du matin 42

Breuvages parfumés 70

Boissons santé 98

Jus stimulants 126

Cocktails pour enfants 154

Milk-shakes 182

Boissons glacées 206

Inspiration pâtissière 234

Cocktails alcoolisés 256

Index 284

Introduction

« Manger au moins cinq fruits et légumes par jour » : difficile, aujourd'hui, de ne pas lire ou entendre ce conseil. Il est en effet prouvé que ces aliments sont de précieux alliés pour lutter contre certaines maladies, perdre du poids, améliorer la qualité de la peau et des cheveux, ou encore faire le plein d'énergie.

Le corps a besoin d'ingrédients frais. Nous savons que la nourriture industrialisée vendue en grande surface ne répond pas aux besoins de l'organisme. Mais un emploi du temps chargé n'est pas toujours compatible avec la prise d'une alimentation saine et équilibrée.

Les smoothies et les jus de fruits et de légumes constituent une façon rapide et originale de se faire du bien. Un verre de 25 cl de ce type de boisson représente un apport quotidien équivalent à quatre à cinq fruits ou légumes frais. Les smoothies sont aisément transportables (dans une bouteille Thermos® par exemple), vous pouvez ainsi les consommer sur le trajet de votre lieu de travail. Vous n'aurez plus aucune excuse pour négliger le petit déjeuner ! Ces préparations permettent également d'utiliser des fruits bien mûrs, légèrement gâtés. Enfin, certaines recettes, servies en dessert, concluent délicieusement un repas léger.

Des milk-shakes crémeux aux smoothies inspirés de recettes pâtissières, des jus de fruits diététiques aux cocktails alcoolisés : chacun(e) trouvera dans les chapitres de ce livre une boisson à son goût, quelle que soit l'occasion. N'oublions pas que le bienfait essentiel de ce que nous buvons ou mangeons tient avant tout en un mot : plaisir. D'ailleurs, à ce sujet, rien ne vaut le nectar de fruits. Avez-vous déjà consommé un jus de pommes fraîchement pressées ? Vous ne trouverez rien de meilleur. Il possède en effet toutes les qualités de l'aliment d'origine, à la seule différence qu'il est mieux toléré par le système digestif que le fruit lui-même. Tout simplement délicieux !

Les ustensiles

Blender

Il est important de choisir un blender de bonne qualité, puissant et muni d'un bol en verre permettant de piler la glace. Cette fonction vous aidera à réussir les cocktails glacés et les boissons épaisses. Avec un mixeur plongeant, vous devrez vous limiter à la préparation de simples smoothies aux fruits, sans glace.

Centrifugeuse

Il existe plusieurs types de centrifugeuses, le plus compétent étant bien évidemment celui utilisé par les professionnels : le jus est mieux filtré, la pulpe moins abondante, les fruits et légumes sont pressés au maximum. Du côté des particuliers, les centrifugeuses les moins chères sont certes idéales pour les petits budgets, mais si vous voulez préparer des jus régulièrement, préférez une machine de bonne qualité. Vous trouverez dans le commerce des appareils performants, faciles d'entretien et d'utilisation, à des prix abordables.

Presse-agrumes

Vous pouvez passer les agrumes à la centrifugeuse à condition de les avoir préalablement pelés et coupés à vif (c'est-à-dire débarrassés de la membrane blanche, pour ne garder que la chair). Mais, pour recueillir une petite quantité de jus, ayez à votre disposition un presse-agrumes, bien plus pratique dans ce cas.

Carafe et Thermos®

Choisissez une carafe munie d'un couvercle pour conserver jus et smoothies au réfrigérateur. Versez les boissons dans une bouteille Thermos® pour les maintenir au frais et/ou les emporter avec vous.

Sac congélation

La veille, coupez les fruits, enfermez-les dans un sac congélation à fermeture hermétique puis placez-les au congélateur. Le jour même, mettez les fruits aussitôt sortis du congélateur dans le blender accompagné de yaourt nature ou de jus de fruits et mélangez jusqu'à obtenir un mélange homogène.

Balance, verre doseur et cuillère-mesure

Il est indispensable d'avoir à votre disposition des instruments de mesure précis. Vous vous assurez ainsi d'utiliser les quantités exactes de chaque ingrédient et de respecter l'équilibre des saveurs.

Cuillère à glace

Cet outil permet de former plus aisément des boules de crème glacée. Optez, si vous le souhaitez, pour une cuillère à placer 1 min au micro-ondes (le manche reste froid) : vous n'aurez plus à sortir votre pot à l'avance et ne romprez plus la chaîne du froid.

Les ingrédients

Fruits et légumes frais

Choisissez de préférence des produits de saison, le goût n'en sera que meilleur. La plupart des fruits peuvent être pressés.

Fruits surgelés

Les fruits surgelés permettent de ne plus compter avec les saisons. Faites-les décongeler avant de préparer un jus ou utilisez-les tels quels pour des smoothies.

Fruits secs

Les fruits secs entrent dans la composition des smoothies et de certains milk-shakes. Si vous jugez qu'ils sont trop secs, faites-les tremper dans de l'eau, du jus de fruits ou dans un alcool quelques minutes avant la préparation.

Fruits en conserve

Comme pour les fruits surgelés, les fruits en conserve permettent d'utiliser des ingrédients habituellement chers, comme les litchis, ou hors saison, comme les abricots. Bien entendu, les fruits frais restent ce qu'il y a de mieux !

Yaourts

Le yaourt à la grecque, plus doux et crémeux qu'un yaourt classique, donne une belle texture aux smoothies. Mais la cuisine étant une affaire de goût, votre yaourt préféré fera l'affaire !

Jus en bouteille

Si vous manquez de temps, ayez à votre disposition une bouteille de jus d'orange ou de pomme dans le réfrigérateur.

Crème glacée

La crème glacée à la vanille constitue la base de la plupart des milk-shakes et des smoothies glacés. Variez les plaisirs en essayant d'autres parfums de crème glacée, comme le chocolat blanc ou la rose, pour créer des boissons surprenantes.

Glaçons

Il est essentiel d'avoir un compartiment à glaçons pour préparer les cocktails glacés et les milk-shakes épais présentés dans ce livre.

Alcool

Qu'il s'agisse de rhum, de vodka ou de tequila, vous trouverez toujours un mélange fruité qui accompagne à merveille un alcool. Laissez-vous aller à votre créativité : ajoutez aux autres ingrédients 1 à 2 c. à s. de l'alcool de votre choix pour découvrir de nouvelles associations.

Smoothies basiques

Les smoothies sont des boissons onctueuses à base de fruits et de légumes mixés. Les possibilités d'associations sont infinies ; vous pouvez également ajouter du lait ou du yaourt pour un résultat plus épais et consistant. Les recettes de ce chapitre, simples à réaliser, vous serviront de sources d'inspiration pour vos propres créations.

Smoothie pêche et framboises

Pour 1 verre

La réussite de cette recette dépend de la douceur de la pêche : elle doit être mûre, mais pas trop, car le goût serait alors désagréable.

1 pêche, pelée, dénoyautée et coupée en quartiers
75 g de framboises
8 c. à s. de yaourt nature à 20 % M. G.
12 cl de lait

Mettez tous les ingrédients dans le blender. Faites tourner 1 min ou jusqu'à obtention d'un mélange homogène. Versez dans un verre et dégustez aussitôt.

Voir variantes p. 32

Smoothie banane et fraises

Pour 1 verre

Ce smoothie, parfumé et diététique, allie deux fruits aux saveurs complémentaires. Un mélange simplissime et apprécié de tous !

1 banane, pelée et coupée en quatre
150 g de fraises, équeutées
8 c. à s. de yaourt nature à 20 % M. G.
6 cl de lait

Mettez tous les ingrédients dans le blender. Faites tourner 1 min ou jusqu'à obtention d'un mélange homogène. Versez dans un verre et servez aussitôt.

Voir variantes p. 33

Smoothie fraises et abricots

Pour 1 verre

Velouté à souhait, ce smoothie ne manquera pas de plaire au plus grand nombre.

75 g de fraises, équeutées
2 abricots, coupés en deux et dénoyautés
8 c. à s. de yaourt nature à 20 % M. G.
6 cl de lait
1 c. à c. de miel (facultatif)

Mettez tous les ingrédients dans le blender. Faites tourner 1 min ou jusqu'à obtention d'un mélange homogène. Versez dans un verre avant de servir.

Voir variantes p. 34

Smoothie quetsches et fruits de la Passion

Pour 1 verre

Ou un mariage réussi de fruits pour ce smoothie à la couleur corail.

3 quetsches, coupées en deux et dénoyautés
2 fruits de la Passion, coupés en deux
8 c. à s. de yaourt nature à 20 % M. G.
6 cl de lait

À l'aide d'une cuillère, récupérez les graines et le jus des fruits de la Passion. Rassemblez les ingrédients dans le blender. Faites tourner 1 min ou jusqu'à obtention d'un mélange homogène. Versez dans un verre et servez aussitôt.

Voir variantes p. 35

Smoothie mangue et fruits de la Passion

Pour 1 verre

Laissez-vous tenter par ce smoothie aux saveurs exotiques, qui allie l'acidulé des fruits de la Passion à la texture veloutée de la mangue...

1 mangue de taille moyenne, pelée, dénoyautée et coupée en morceaux
2 fruits de la Passion, coupés en deux
8 c. à s. de yaourt nature à 20 % M. G.
12 cl de lait

À l'aide d'une cuillère, récupérez les graines et le jus des fruits de la Passion. Mettez tous les ingrédients dans le blender. Faites tourner 1 min ou jusqu'à obtention d'un mélange homogène. Versez dans un verre. Garnissez de quelques graines de fruit de la Passion et servez aussitôt.

Voir variantes p. 36

Smoothie mûres et framboises

Pour 1 verre

Ce smoothie aux fruits rouges affiche une belle robe violine.

150 g de mûres
75 g de framboises
8 c. à s. de yaourt nature à 20 % M. G.
6 cl de lait
1 c. à c. de miel (facultatif)

Mettez tous les ingrédients dans le blender. Faites tourner 1 min ou jusqu'à obtention d'un mélange homogène. Versez dans un verre avant de servir.

Voir variantes p. 37

Smoothie myrtilles et fraises

Pour 1 verre

Si vous le pouvez, profitez du mois d'août pour récolter des myrtilles fraîches.

75 g de myrtilles
150 g de fraises, équeutées
8 c. à s. de yaourt nature à 20 % M. G.
6 cl de lait

Mettez tous les ingrédients dans le blender. Faites tourner 1 min ou jusqu'à obtention d'un mélange homogène. Versez dans un verre et dégustez aussitôt.

Voir variantes p. 38

Smoothie papaye et mangue

Pour 1 verre

Voici un smoothie épais et consistant, exhalant de délicates senteurs tropicales.

100 g de papaye, pelée, épépinée et coupée en morceaux
100 g de mangue, pelée, dénoyautée et coupée en morceaux
8 c. à s. de yaourt nature à 20 % M. G.
6 cl de lait

Mettez tous les ingrédients dans le blender. Faites tourner 1 min ou jusqu'à obtention d'un mélange homogène. Versez dans un verre et servez aussitôt.

Voir variantes p. 39

Smoothie melon et kiwis

Pour 1 verre

Cette boisson au joli vert clair est aussi rafraîchissante que délicieuse.

100 g de melon, pelé et coupé en morceaux
2 kiwis, pelés et coupés en deux
8 c. à s. de yaourt nature à 20 % M. G.
6 cl de lait

Mettez tous les ingrédients dans le blender. Faites tourner 1 min ou jusqu'à obtention d'un mélange homogène. Versez dans un verre avant de servir.

Voir variantes p. 40

Smoothie mûres et cassis

Pour 1 verre

Les saveurs champêtres des fruits noirs qui composent ce smoothie en font un breuvage idéal pour l'automne.

150 g de mûres
75 g de cassis
8 c. à s. de yaourt nature à 20 % M. G.
6 cl de lait

Mettez tous les ingrédients dans le blender. Faites tourner 1 min ou jusqu'à obtention d'un mélange homogène. Versez dans un verre et dégustez aussitôt.

Voir variantes p. 41

Variantes

Smoothie pêche et framboises

Recette de base p. 15

Smoothie pêche, framboises et menthe
Suivez la recette de base, en ajoutant avant de mélanger quelques feuilles de menthe.

Smoothie pêche et orange
Suivez la recette de base, en remplaçant les framboises et le lait par 18 cl de jus d'orange.

Smoothie framboises et orange
Suivez la recette de base, en remplaçant la pêche par 75 g de framboises et le lait par 12 cl de jus d'orange.

Smoothie pêche, framboises et orange
Suivez la recette de base, en remplaçant le lait par 6 cl de jus d'orange.

Variantes

Smoothie banane et fraises

Recette de base p. 17

Smoothie banane, fraises et orange
Suivez la recette de base, en remplaçant le lait par la même quantité de jus d'orange.

Smoothie fraises et orange
Suivez la recette de base, en remplaçant la banane par 50 g de fraises et le lait par la même quantité de jus d'orange.

Smoothie à la fraise
Suivez la recette de base, en remplaçant la banane par 50 g de fraises.

Smoothie banane et framboises
Suivez la recette de base, en remplaçant les fraises par la même quantité de framboises.

Variantes

Smoothie fraises et abricots

Recette de base p. 18

Smoothie framboises et abricots
Suivez la recette de base, en remplaçant les fraises par la même quantité de framboises.

Smoothie fraises, abricots et orange
Suivez la recette de base, en remplaçant le lait par la même quantité de jus d'orange.

Smoothie fraises, abricots et pomme
Suivez la recette de base, en remplaçant le lait par la même quantité de jus de pomme.

Smoothie fraises, pêche et pomme
Suivez la recette de base, en remplaçant les abricots par 1 pêche pelée, dénoyautée et coupée en quartiers et le lait par la même quantité de jus de pomme.

Variantes

Smoothie quetsches et fruits de la Passion

Recette de base p. 21

Smoothie quetsches, fruits de la Passion et orange
Suivez la recette de base, en remplaçant le lait par la même quantité de jus d'orange.

Smoothie aux quetsches
Suivez la recette de base, en supprimant les fruits de la Passion.

Smoothie quetsches, fruits de la Passion et pomme
Suivez la recette de base, en remplaçant le lait par la même quantité de jus de pomme.

Smoothie quetsches et orange
Suivez la recette de base, en supprimant les fruits de la Passion et en remplaçant le lait par la même quantité de jus d'orange.

Smoothie quetsches et rhubarbe
Suivez la recette de base, en ajoutant avant de mélanger 50 g de compote de rhubarbe.

Variantes

Smoothie mangue et fruits de la Passion

Recette de base p. 22

Smoothie mangue, fruits de la Passion et citron vert
Suivez la recette de base, en ajoutant avant de mélanger le jus de 1 citron vert.

Smoothie mangue, fruits de la Passion et orange
Suivez la recette de base, en remplaçant le lait par la même quantité de jus d'orange.

Smoothie mangue, fruits de la Passion et ananas
Suivez la recette de base, en remplaçant le lait par la même quantité de jus d'ananas.

Smoothie mangue, fruits de la Passion, orange et ananas
Suivez la recette de base, en remplaçant le lait par 1 c. à s. de jus d'orange et 2 c. à s. de jus d'ananas.

Smoothie mangue, fruits de la Passion et eau de rose
Suivez la recette de base, en ajoutant avant de mélanger ½ c. à c. d'eau de rose.

Variantes

Smoothie mûres et framboises

Recette de base p. 25

Smoothie à la mûre
Suivez la recette de base, en remplaçant les framboises par 75 g de mûres.

Smoothie à la framboise
Suivez la recette de base, en remplaçant les mûres par 150 g de framboises.

Smoothie mûres et orange
Suivez la recette de base, en remplaçant les framboises par 225 g de mûres et le lait par la même quantité de jus d'orange.

Smoothie framboises et orange
Suivez la recette de base, en remplaçant les mûres par 225 g de framboises et le lait par la même quantité de jus d'orange.

Variantes

Smoothie myrtilles et fraises

Recette de base p. 26

Smoothie myrtilles, fraises et orange
Suivez la recette de base, en remplaçant le lait par la même quantité de jus d'orange.

Smoothie myrtilles, fraises et pomme
Suivez la recette de base, en remplaçant le lait par la même quantité de jus de pomme.

Smoothie myrtilles, fraises et ananas
Suivez la recette de base, en remplaçant le lait par la même quantité de jus d'ananas.

Smoothie myrtilles, framboises et pomme
Suivez la recette de base, en remplaçant les fraises par des framboises et le lait par du jus de pomme, dans les mêmes quantités.

Variantes

Smoothie papaye et mangue

Recette de base p. 28

Smoothie à la papaye
Suivez la recette de base, en remplaçant la mangue par la même quantité de papaye.

Smoothie papaye et citron vert
Suivez la recette de base, en remplaçant la mangue par la même quantité de papaye. Ajoutez avant de mélanger le jus de 1 citron vert.

Smoothie mangue, papaye et orange
Suivez la recette de base, en remplaçant le lait par la même quantité de jus d'orange.

Smoothie mangue, papaye et ananas
Suivez la recette de base, en remplaçant le lait par la même quantité de jus d'ananas.

Variantes

Smoothie melon et kiwis

Recette de base p. 29

Smoothie melon, kiwis et pomme
Suivez la recette de base, en remplaçant le lait par la même quantité de jus de pomme.

Smoothie melon, kiwis et orange
Suivez la recette de base, en remplaçant le lait par la même quantité de jus d'orange.

Smoothie melon, kiwis et ananas
Suivez la recette de base, en remplaçant le lait par la même quantité de jus d'ananas.

Smoothie aux kiwis
Préparez la recette de base, en remplaçant le melon par 1 kiwi.

Variantes

Smoothie mûres et cassis

Recette de base p. 31

Smoothie mûres, cassis et orange
Suivez la recette de base, en remplaçant le lait par la même quantité de jus d'orange.

Smoothie mûres, cassis et pomme
Suivez la recette de base, en remplaçant le lait par la même quantité de jus de pomme.

Smoothie mûres et myrtilles
Suivez la recette de base, en remplaçant les cassis par la même quantité de myrtilles.

Smoothie mûres et pomme
Suivez la recette de base, en remplaçant les cassis par des mûres et le lait par du jus de pomme, dans les mêmes quantités.

Smoothies du matin

Le smoothie, épais et riche en fruits, est parfait pour recharger les batteries. À la fois nourrissant et diététique, il constitue un repas complet qui vous aidera à bien démarrer la journée.

Smoothie à l'abricot

Pour 1 verre

Les flocons d'avoine contenus dans ce smoothie diffusent de l'énergie tout au long de la matinée ; vous êtes ainsi en pleine forme jusqu'au déjeuner. Ils donnent également à cette boisson une texture crémeuse, très agréable à ce moment de la journée.

3 abricots, coupés en deux et dénoyautés
18 cl de jus de pomme
12 c. à s. de yaourt nature à 20 % M. G.
1 c. à c. de miel
1 c. à s. de flocons d'avoine

Mettez tous les ingrédients dans le blender et faites tourner 1 min. Versez dans un verre et servez aussitôt.

Voir variantes p. 60

Smoothie myrtilles, framboises, pêche et orange

Pour 1 verre

Une gorgée de cette savoureuse association de fruits et vous vous lèverez à coup sûr avant le réveil !

35 g de myrtilles
35 g de framboises
1 pêche, pelée, dénoyautée et coupée en quartiers
12 cl de jus d'orange
12 c. à s. de yaourt nature à 20 % M. G.
2 c. à c. de miel

Mettez tous les ingrédients dans le blender et faites tourner 1 min. Versez dans un verre avant de servir.

Voir variantes p. 61

Smoothie banane, pêche et fraises

Pour 1 verre

Durant les mois d'été, pensez à réserver les fruits au réfrigérateur la veille de la préparation. Ainsi, vous profiterez d'un petit déjeuner très rafraîchissant.

1 banane, pelée et coupée en quatre
1 pêche, pelée, dénoyautée et coupée en quartiers
4 fraises, équeutées
18 cl de jus d'orange
1 c. à c. de miel

Mettez tous les ingrédients dans le blender et faites tourner 1 min. Servez aussitôt dans un verre.

Voir variantes p. 62

Smoothie exotique

Pour 1 verre

Comme son nom l'indique, cette boisson évoque une destination lointaine : rien de tel pour changer la routine !

1 fruit de la Passion, coupé en deux
1 1/2 mangue, pelée, dénoyautée et coupée en morceaux
24 cl de jus d'ananas
1 banane, pelée et coupée en quatre
2 noix du Brésil

À l'aide d'une cuillère, récupérez le jus et les graines (ou seulement le jus, selon votre goût) du fruit de la Passion. Rassemblez les ingrédients dans le blender et faites tourner 1 min. Versez dans un verre et servez aussitôt.

Voir variantes p. 63

Smoothie énergétique

Pour 1 verre

Ce breuvage épais et consistant sera un précieux allié pour entamer une journée de travail bien remplie.

1 ½ banane, pelée et coupée en quatre
1 c. à s. de beurre de cacahouètes, sans morceaux
24 cl de lait

Mettez tous les ingrédients dans le blender et faites tourner 1 min. Versez dans un verre et servez aussitôt.

Voir variantes p. 64

Jus réveille-matin

Pour 1 verre

Les saveurs acidulées des agrumes mettront votre esprit, et vos papilles, en éveil.

2 pamplemousses, pelés et coupés à vif
2 oranges, pelées et coupées à vif
1 citron, pelé et coupé à vif

Passez tous les ingrédients à la centrifugeuse. Versez le jus dans un verre et servez aussitôt. Vous pouvez préparer ce jus au presse-agrumes, en coupant les fruits en deux.

Voir variantes p. 65

Jus pommes et oranges

Pour 1 verre

Ce mélange de fruits n'est certes pas d'une grande originalité mais ne le sous-estimons pas pour autant. Rapide à préparer, il convient très bien aux plus pressés.

3 pommes
3 oranges, pelées et coupées à vif

Passez les fruits à la centrifugeuse. Versez le jus dans un verre avant de servir.

Voir variantes p. 66

Jus framboises et nectarines

Pour 1 verre

Les notes ensoleillées de ce jus évoquent la chaleur de l'été. Un remède parfait pour braver les jours de grisaille.

150 g de framboises
3 nectarines, coupées en deux et dénoyautées

Passez les fruits à la centrifugeuse. Versez le jus dans un verre et servez aussitôt.

Voir variantes p. 67

Smoothie au moka

Pour 1 verre

Une boisson revigorante à base de caféine, adoucie par la saveur onctueuse du cacao en poudre. Un conseil : l'hiver, réchauffez le lait avant de préparer le smoothie.

1 banane, pelée et coupée en quatre
1 c. à s. de cacao amer en poudre
2 c. à s. (ou 1 dosette) de café expresso
24 cl de lait, froid ou chaud

Mettez tous les ingrédients dans le blender et faites tourner 1 min. Versez dans un verre ou dans une grande tasse, puis servez.

Voir variantes p. 68

Petit déjeuner bucolique

Pour 1 verre

Pour varier la préparation des smoothies, essayez les fruits en compote. Vous aurez ainsi une boisson veloutée, que vous n'obtenez pas en utilisant des fruits frais.

1 pomme, pelée et coupée en quartiers
1 poire, pelée et coupée en quartiers
200 g de rhubarbe, coupée en morceaux
35 g de mûres
Le jus de 1 citron
1 c. à c. de miel
8 c. à s. de yaourt nature à 20 % M. G.

Mettez les morceaux de pomme, de poire, de rhubarbe et les mûres dans une casserole. Ajoutez 2 c. à s. d'eau, le jus de citron et le miel. Portez à ébullition, puis baissez le feu. Pochez les fruits 10 à 20 min, selon leur degré de maturité. Laissez refroidir. Versez la compote de fruits et le yaourt dans le blender et faites tourner 1 min. Servez aussitôt dans un verre.

Voir variantes p. 69

Variantes

Smoothie à l'abricot

Recette de base p. 43

Smoothie pêche et banane
Suivez la recette de base, en remplaçant les abricots par 1 pêche et ½ banane.

Smoothie à la myrtille
Suivez la recette de base, en remplaçant les abricots par 150 g de myrtilles.

Smoothie abricots et germes de blé
Suivez la recette de base, en remplaçant les flocons d'avoine par 1 c. à s. de germes de blé.

Smoothie abricots et fraises
Suivez la recette de base, en remplaçant 1 abricot par 4 fraises équeutées.

Variantes

Smoothie myrtilles, framboises, pêche et orange

Recette de base p. 44

Smoothie myrtilles et orange
Suivez la recette de base, en remplaçant les framboises et la pêche par 115 g de myrtilles.

Smoothie myrtilles et pêche
Suivez la recette de base, en remplaçant les framboises par 40 g de myrtilles et 1 ½ pêche pelée, dénoyautée et coupée en quartiers.

Smoothie pêches, framboises et orange
Suivez la recette de base, en remplaçant les myrtilles par 2 pêches pelées, dénoyautées et coupées en quartiers.

Smoothie myrtilles, framboises, pêche et pomme
Suivez la recette de base, en remplaçant le jus d'orange par la même quantité de jus de pomme.

Variantes

Smoothie banane, pêche et fraises

Recette de base p. 47

Smoothie banane et pêches
Suivez la recette de base, en remplaçant les fraises par 1 pêche pelée, dénoyautée et coupée en quartiers.

Smoothie banane, pêche et fraises, lacté
Suivez la recette de base, en remplaçant 1/3 de jus d'orange par 4 c. à s. de yaourt nature à 20 % M. G.

Smoothie banane, abricots et fraises
Suivez la recette de base, en remplaçant la pêche par 2 abricots coupés en deux et dénoyautés.

Smoothie banane, pêche et mûres
Suivez la recette de base, en remplaçant les fraises par 35 g de mûres.

Variantes

Smoothie exotique

Recette de base p. 48

Smoothie fruits de la Passion, mangue et ananas
Suivez la recette de base, en remplaçant la banane et les noix du Brésil par 1 fruit de la Passion.

Smoothie australien
Suivez la recette de base, en remplaçant les noix du Brésil par 5 noix de macadamia.

Smoothie tropical
Suivez la recette de base, en supprimant les noix du Brésil.

Smoothie fruit de la Passion et papaye
Suivez la recette de base, en remplaçant les noix du Brésil et la mangue par ½ papaye pelée et épépinée. Ajoutez avant de mélanger le jus de 1 citron vert.

Smoothie exotique noix et amandes
Suivez la recette de base, en ajoutant avant de mélanger 4 cerneaux de noix et 3 amandes mondées.

Variantes

Smoothie énergétique

Recette de base p. 51

Smoothie énergétique au blé
Suivez la recette de base, en ajoutant avant de mélanger 1 c. à c. de germes de blé.

Smoothie énergétique au son
Suivez la recette de base, en ajoutant avant de mélanger 1 c. à c. de son.

Smoothie énergétique au soja
Suivez la recette de base, en remplaçant le lait par la même quantité de lait de soja.

Smoothie énergétique aux noix
Suivez la recette de base, en ajoutant avant de mélanger 1 c. à s. de noix de votre choix.

Smoothie énergétique au chocolat
Suivez la recette de base, en ajoutant avant de mélanger 1 c. à s. de pâte à tartiner au chocolat.

Variantes

Jus réveille-matin

Recette de base p. 52

Jus réveille-matin à l'eau de rose
Suivez la recette de base. Au moment de servir, ajoutez 1 c. à c. d'eau de rose et mélangez bien.

Jus réveille-matin à la fleur d'oranger
Suivez la recette de base. Au moment de servir, ajoutez 1 c. à c. d'eau de fleur d'oranger et mélangez bien.

Jus réveille-matin au gingembre
Suivez la recette de base, en ajoutant avant de mélanger 2 cm environ de racine de gingembre pelée.

Jus réveille-matin gingembre et piment
Suivez la recette de base, en ajoutant avant de mélanger 2 cm environ de racine de gingembre pelée et ½ piment rouge épépiné.

Jus réveille-matin à la menthe
Suivez la recette de base, en ajoutant avant de mélanger 6 feuilles de menthe.

Variantes

Jus pommes et oranges

Recette de base p. 54

Jus poires et oranges
Suivez la recette de base, en remplaçant les pommes par la même quantité de poires.

Jus ananas et oranges
Suivez la recette de base, en remplaçant les pommes par 225 g d'ananas pelé et coupé en morceaux.

Jus pommes et ananas
Suivez la recette de base, en remplaçant les oranges par 225 g d'ananas pelé et coupé en morceaux.

Jus ananas et poires
Suivez la recette de base, en remplaçant les pommes par 225 g d'ananas pelé et coupé en morceaux et les oranges par 2 poires.

Variantes

Jus framboises et nectarines

Recette de base p. 55

Jus fraises et nectarines
Suivez la recette de base, en remplaçant les framboises par 5 fraises équeutées.

Jus mûres et nectarines
Suivez la recette de base, en remplaçant les framboises par la même quantité de mûres.

Jus myrtilles et nectarines
Suivez la recette de base, en remplaçant les framboises par la même quantité de myrtilles.

Jus quetsches et nectarines
Suivez la recette de base, en remplaçant les framboises par 3 quetsches coupées en deux et dénoyautées.

Jus abricots et nectarines
Suivez la recette de base, en remplaçant les framboises par 2 abricots coupés en deux et dénoyautés.

Variantes

Smoothie au moka

Recette de base p. 56

Smoothie au café
Suivez la recette de base, en supprimant le cacao amer en poudre.

Smoothie façon cappuccino
Suivez la recette de base, en réservant le cacao amer en poudre. Au moment de servir, parsemez-en le dessus du verre.

Smoothie crémeux au moka
Suivez la recette de base, en ajoutant avant de mélanger 2 c. à s. de crème fraîche épaisse.

Smoothie double moka
Suivez la recette de base, en ajoutant avant de mélanger 2 c. à s. (ou 1 dosette) de café expresso.

Smoothie orange et chocolat
Suivez la recette de base, en remplaçant le café par 1 c. à s. de marmelade d'oranges sans écorce, diluée dans 1 c. à s. d'eau chaude.

Variantes

Petit déjeuner bucolique

Recette de base p. 59

Petit déjeuner bucolique, épicé
Suivez la recette de base, en ajoutant à la compote de fruits 1 c. à c. d'un mélange de cannelle et de muscade moulues.

Smoothie pomme, poire et rhubarbe
Suivez la recette de base, en supprimant les mûres.

Smoothie pomme et mûres
Suivez la recette de base, en remplaçant la poire par 1 pomme et la rhubarbe par 115 g de mûres.

Smoothie pomme et poire
Suivez la recette de base, en remplaçant la rhubarbe par ½ pomme et les mûres par ½ poire.

Breuvages parfumés

Variez les saveurs et les plaisirs en ajoutant des ingrédients aromatiques à vos jus et smoothies : une pointe de cardamome ou de citronnelle pour une note asiatique ; quelques gouttes d'eau de fleur d'oranger ou un peu de menthe pour une touche orientale. Dans ce chapitre, découvrez des boissons aux parfums envoûtants.

Jus mandarines, citronnelle, piment et menthe

Pour 1 verre

À première vue, le piment n'est pas un ingrédient entrant dans la préparation d'un jus de fruits. Pourtant, utilisé en petite quantité, il relève délicatement le goût, sans masquer les autres saveurs.

4 mandarines, pelées et coupées à vif
1 tige de citronnelle
½ piment rouge, épépiné
5 feuilles de menthe

Retirez les feuilles et les extrémités de la tige de citronnelle, puis coupez-la en morceaux. Passez tous les ingrédients à la centrifugeuse. Servez aussitôt dans un verre.

Voir variantes p. 88

Limonade litchis, framboises et eau de rose

Pour 1 verre

Le parfum délicat de l'eau de rose confère une touche exotique à l'association peu banale de la framboise et du litchi.

300 g de litchis, pelés et dénoyautés
150 g de framboises
1 c. à c. d'eau de rose
12 cl d'eau gazeuse

Passez les litchis et les framboises à la centrifugeuse. Ajoutez au mélange obtenu l'eau de rose, puis mélangez. Versez dans un verre, ajoutez l'eau gazeuse et servez aussitôt.

Voir variantes p. 89

Smoothie mangue, coco et citron vert

Pour 1 verre

L'acidité du citron vert crée un délicieux contraste avec le crémeux du mélange lait de coco et mangue.

1 mangue, pelée, dénoyautée et coupée en morceaux
4 c. à s. de lait de coco
Le jus de 1 citron vert
3 à 4 glaçons

Mettez tous les ingrédients dans le blender et faites tourner 1 min ou jusqu'à obtention d'un mélange homogène. Versez dans un verre avant de servir.

Voir variantes p. 90

Jus ananas, citronnelle et cardamome

Pour 1 verre

La cardamome est souvent utilisée dans la cuisine occidentale pour relever des plats d'inspiration asiatique. En Asie du Sud et au Moyen-Orient, cette épice entre également dans la préparation de mets sucrés – un ingrédient aromatique idéal pour réaliser des jus aux saveurs orientales.

½ ananas, pelé et coupé en morceaux
1 tige de citronnelle
2 gousses de cardamome, pelées et épépinées
Le jus de ½ citron vert

Retirez les feuilles et les extrémités de la tige de citronnelle, puis coupez-la en morceaux. Passez l'ananas et la citronnelle à la centrifugeuse. Versez le jus obtenu dans le blender avec les graines de cardamome et le jus de citron vert, puis faites tourner 30 s. Versez dans un verre et servez aussitôt.

Voir variantes p. 91

Jus nectarines, clémentines et fleur d'oranger

Pour 1 verre

Le parfum apaisant de l'eau de fleur d'oranger complète ce duo de fruits savoureux.

2 nectarines, coupées en deux et dénoyautées
2 clémentines, pelées et coupées en quartiers
½ c. à c. d'eau de fleur d'oranger

Passez les nectarines et les clémentines à la centrifugeuse. Versez le jus dans un verre. Ajoutez l'eau de fleur d'oranger, mélangez et servez aussitôt.

Voir variantes p. 92

Smoothie papaye, fraises et pistaches

Pour 1 verre

Les pistaches ajoutent une touche orientale à cette préparation aux fruits d'été.

1 petite papaye, pelée et épépinée
150 g de fraises, équeutées
25 g de pistaches non salées, décortiquées
8 c. à s. de yaourt nature à 20 % M. G.
6 cl de lait

Mettez tous les ingrédients dans le blender et faites tourner jusqu'à obtention d'un mélange homogène. Versez dans un verre et servez aussitôt.

Voir variantes p. 93

Smoothie oranges, dattes et fleur d'oranger

Pour 1 verre

La gastronomie marocaine associe traditionnellement oranges et dattes. Voici un smoothie réunissant ces saveurs nord-africaines.

Le zeste et le jus de 2 oranges
5 dattes sèches, dénoyautées
16 c. à s. de yaourt nature à 20 % M. G.
½ c. à c. d'eau de fleur d'oranger

Mettez tous les ingrédients dans le blender et faites tourner jusqu'à obtention d'un mélange homogène. Versez dans un verre avant de servir.

Voir variantes p. 94

Jus thé vert, pomme et raisins

Pour 1 verre

Le thé vert est réputé pour ses nombreuses vertus, et son goût rafraîchissant se prête parfaitement à la création de jus de fruits originaux.

1 pincée de maccha en poudre (thé vert japonais)
1 pomme
150 g de raisins blancs, épépinés

Faites infuser le thé en poudre dans 10 cl d'eau bouillante, puis placez le mélange obtenu au réfrigérateur jusqu'à complet refroidissement. Passez les fruits à la centrifugeuse. Mélangez le jus obtenu avec le thé vert, puis servez.

Voir variantes p. 95

Jus pamplemousse, fraises et basilic

Pour 1 verre

Les qualités aromatiques de ces trois ingrédients frais aux saveurs variées forment un mélange surprenant.

2 pamplemousses, pelés et coupés à vif
150 g de fraises, équeutées
6 feuilles de basilic

Passez les fruits à la centrifugeuse. Versez le jus obtenu dans le blender, ajoutez les feuilles de basilic et faites tourner 30 s. Servez aussitôt dans un verre.

Voir variantes p. 96

Jus pastèque et fraises

Pour 1 verre

Destinez cette préparation aux mois d'été, lorsque les pastèques et les fraises sont à pleine maturité.

450 g de pastèque, pelée et coupée en morceaux
175 g de fraises, équeutées

Passez les ingrédients à la centrifugeuse. Versez le jus dans un verre et servez aussitôt.

Voir variantes p. 97

Variantes

Jus mandarines, citronnelle, piment et menthe

Recette de base p. 71

Jus mandarines, citronnelle, piment et menthe, acidulé
Suivez la recette de base, en ajoutant avant de mélanger le jus de ½ citron vert.

Jus oranges, citronnelle et piment
Suivez la recette de base, en remplaçant les mandarines par 3 oranges pelées et coupées à vif.

Jus mangue, citronnelle et piment
Suivez la recette de base, en remplaçant les mandarines par 450 g de mangue pelée, dénoyautée et coupée en morceaux.

Jus pamplemousse, citronnelle et piment
Suivez la recette de base, en remplaçant les mandarines par ½ pamplemousse pelé et coupé à vif.

Variantes

Limonade litchis, framboises et eau de rose

Recette de base p. 72

Limonade litchis, fraises et eau de rose
Suivez la recette de base, en remplaçant les framboises par la même quantité de fraises.

Limonade litchis, myrtilles et eau de rose
Suivez la recette de base, en remplaçant les framboises par la même quantité de myrtilles.

Limonade litchis, groseilles et eau de rose
Suivez la recette de base, en remplaçant les framboises par la même quantité de groseilles.

Limonade litchis, mûres et eau de rose
Suivez la recette de base, en remplaçant les framboises par la même quantité de mûres.

Variantes

Smoothie mangue, coco et citron vert

Recette de base p. 75

Smoothie mangue, coco, citron vert et piment
Suivez la recette de base, en ajoutant avant de mélanger ½ piment rouge épépiné.

Smoothie mangue, coco, citron vert et menthe
Suivez la recette de base, en ajoutant avant de mélanger 8 feuilles de menthe.

Smoothie mangue, coco, citron vert et basilic
Suivez la recette de base, en ajoutant avant de mélanger 8 feuilles de basilic.

Smoothie mangue, coco, citron vert, piment et menthe
Suivez la recette de base, en ajoutant avant de mélanger ½ piment rouge épépiné et 6 feuilles de menthe.

Smoothie mangue, ananas, coco et citron vert
Suivez la recette de base, en remplaçant la moitié de la mangue par ½ ananas pelé et coupé en morceaux.

Variantes

Jus ananas, citronnelle et cardamome

Recette de base p. 76

Jus ananas, citronnelle et piment
Suivez la recette de base, en remplaçant la cardamome par 1 piment rouge épépiné.

Jus ananas, citronnelle et menthe
Suivez la recette de base, en remplaçant la cardamome par 8 feuilles de menthe.

Jus ananas, citronnelle et gingembre
Suivez la recette de base, en remplaçant la cardamome par 2 cm environ de racine de gingembre pelée.

Jus ananas, piment et gingembre
Suivez la recette de base, en remplaçant la tige de citronnelle par ½ piment rouge épépiné et la cardamome par 2 cm environ de racine de gingembre pelée.

Variantes

Jus nectarines, clémentines et fleur d'oranger

Recette de base p. 79

Jus pêches, clémentines et fleur d'oranger
Suivez la recette de base, en remplaçant les nectarines par la même quantité de pêches.

Jus mangue, clémentines et fleur d'oranger
Suivez la recette de base, en remplaçant les nectarines par 225 g de mangue pelée, dénoyautée et coupée en morceaux.

Jus ananas, clémentines et fleur d'oranger
Suivez la recette de base, en remplaçant les nectarines par 225 g d'ananas pelé et coupé en morceaux.

Jus papaye, clémentines et fleur d'oranger
Suivez la recette de base, en remplaçant les nectarines par 225 g de papaye pelée, épépinée et coupée en morceaux.

Jus nectarines, clémentines et eau de rose
Suivez la recette de base, en ajoutant avant de mélanger ½ c. à c. d'eau de rose.

Variantes

Smoothie papaye, fraises et pistaches

Recette de base p. 80

Smoothie papaye, fraises et menthe
Suivez la recette de base, en remplaçant les pistaches par 6 feuilles de menthe.

Smoothie papaye, fraises et eau de rose
Suivez la recette de base, en remplaçant les pistaches par 1 filet d'eau de rose.

Smoothie papaye, framboises et pistaches
Suivez la recette de base, en remplaçant les fraises par la même quantité de framboises.

Smoothie papaye, mûres et pistaches
Suivez la recette de base, en remplaçant les fraises par la même quantité de mûres.

Variantes

Smoothie oranges, dattes et fleur d'oranger

Recette de base p. 82

Smoothie oranges, raisins secs et fleur d'oranger
Suivez la recette de base, en remplaçant les dattes par 35 g de raisins secs.

Smoothie oranges, abricots secs et fleur d'oranger
Suivez la recette de base, en remplaçant les dattes par la même quantité d'abricots secs.

Smoothie oranges et abricots secs
Suivez la recette de base, en remplaçant les dattes par la même quantité d'abricots secs et en supprimant l'eau de fleur d'oranger.

Smoothie oranges et dattes
Suivez la recette de base, en supprimant l'eau de fleur d'oranger.

Variantes

Jus thé vert, pomme et raisins

Recette de base p. 83

Jus thé vert et pomme
Suivez la recette de base, en remplaçant les raisins par 1 pomme.

Jus thé vert et pêches
Suivez la recette de base, en remplaçant les raisins et la pomme par 3 pêches coupées en deux et dénoyautées.

Jus thé vert et mangue
Suivez la recette de base, en remplaçant les raisins et la pomme par 225 g de mangue pelée, dénoyautée et coupée en morceaux.

Jus thé vert et ananas
Suivez la recette de base, en remplaçant les raisins et la pomme par 225 g d'ananas pelé et coupé en morceaux.

Variantes

Jus pamplemousse, fraises et basilic

Recette de base p. 84

Jus oranges, fraises et basilic
Suivez la recette de base, en remplaçant les pamplemousses par 3 oranges pelées et coupées à vif.

Jus mandarines, fraises et basilic
Suivez la recette de base, en remplaçant les pamplemousses par 5 mandarines pelées et coupées à vif.

Jus pommes, fraises et basilic
Suivez la recette de base, en remplaçant les pamplemousses par 3 pommes.

Jus ananas, fraises et basilic
Suivez la recette de base, en remplaçant les pamplemousses par 330 g d'ananas pelé et coupé en morceaux.

Variantes

Jus pastèque et fraises

Recette de base p. 87

Jus pastèque, fraises et menthe
Suivez la recette de base, en ajoutant avant de mélanger 8 feuilles de menthe.

Jus pastèque, fraises et basilic
Suivez la recette de base, en ajoutant avant de mélanger 8 feuilles de basilic.

Jus pastèque, fraises et piment
Suivez la recette de base, en ajoutant avant de mélanger ½ piment rouge épépiné.

Jus pastèque, fraises et citronnelle
Suivez la recette de base, en ajoutant avant de mélanger 1 tige de citronnelle coupée en morceaux.

Boissons santé

Les jus de fruits et les smoothies sont par définition riches en vitamines et en minéraux ; les variétés de fruits qui composent les recettes de ce chapitre sont particulièrement adaptées pour stimuler votre système immunitaire.

Le plein de vitamine C

Pour 1 verre

Ce jus, qui met à l'honneur la vitamine C, est le remède idéal contre les coups de froid.

150 g de cassis
150 g de groseilles
2 kiwis, pelés
2 oranges, pelées et coupées à vif

Passez tous les ingrédients à la centrifugeuse. Versez le jus dans un verre et servez aussitôt.

Voir variantes p. 116

Jus énergisant

Pour 1 verre

Cette boisson mêle racines douces et légumes verts, pour un apport garanti en vitamines.

1 betterave cuite, pelée et coupée en morceaux
2 carottes, pelées et coupées en morceaux
100 g de pousses d'épinards
¼ de concombre

Passez tous les ingrédients à la centrifugeuse. Versez le jus dans un verre avant de servir.

Voir variantes p. 117

Lendemain de fête

Pour 1 verre

Un jus hydratant pour retrouver le meilleur de votre forme !

1 pomme
1 carotte, pelée et coupée en morceaux
2 branches de céleri, coupées en morceaux
2 cm environ de racine de gingembre, pelée
225 g d'un mélange d'airelles séchées et de raisins secs

Passez tous les ingrédients à la centrifugeuse. Versez le jus dans un verre et servez aussitôt.

Voir variantes p. 118

Douceur à la cannelle

Pour 1 verre

Ce jus est tout particulièrement recommandé dans le cadre d'un régime diabétique, car la consommation quotidienne de cannelle entraîne une baisse de la glycémie.

3 pommes
2 poires
1 pincée de cannelle moulue

Passez les fruits à la centrifugeuse. Versez le jus dans un verre et saupoudrez de la cannelle. Servez aussitôt.

Voir variantes p. 119

Jus purifiant

Pour 1 verre

Ce jus de fruits associé à l'herbe de blé et au cresson est un trésor de bienfaits. Détoxifiant et antioxydant, il renforce le système immunitaire et combat le vieillissement des cellules.

2 pommes
115 g de melon d'hiver, pelé, épépiné et coupé en morceaux
¼ de concombre
50 g de cresson
15 g d'herbe de blé

Passez tous les ingrédients à la centrifugeuse. Versez le jus dans un verre avant de servir.

Voir variantes p. 120

Boisson antirhume

Pour 1 tasse

Les propriétés antiseptiques et cicatrisantes du miel de manuka vous aideront à soigner un mauvais rhume.

2 citrons, pelés et coupés à vif
2 cm environ de racine de gingembre, pelée
1 c. à s. de miel de manuka
1 brin de romarin

Passez les citrons et le gingembre à la centrifugeuse. Versez le jus dans une grande tasse. Ajoutez le miel de manuka, le romarin et 20 cl d'eau bouillante, puis mélangez bien. Laissez infuser 5 min, ôtez le romarin et servez.

Voir variantes p. 121

Pour une future maman

Pour 1 verre

Ce jus entre parfaitement dans l'alimentation d'une femme enceinte car il est riche en acide folique, indispensable pour la santé de la maman et de l'enfant.

4 petits bouquets de brocoli
3 pommes
Le jus de ½ citron vert

Passez le brocoli et les pommes à la centrifugeuse. Versez dans un verre. Ajoutez le jus de citron vert et mélangez bien. Servez aussitôt.

Voir variantes p. 122

Power smoothie

Pour 1 verre

Véritable concentré de protéines, de fer et de vitamines, la spiruline est une sorte d'algue aux nombreuses vertus thérapeutiques. Son goût « vert » pouvant en rebuter plus d'un, l'astuce consiste à en faire l'un des ingrédients d'un savoureux smoothie.

1 banane, pelée et coupée en quatre
75 g d'un mélange de baies (groseilles, myrtilles, airelles)
16 c. à s. de yaourt nature à 20 % M. G.
6 cl de jus d'orange
1 c. à s. de spiruline en poudre

Mettez tous les ingrédients dans le blender. Faites tourner 1 min ou jusqu'à obtention d'un mélange homogène. Versez dans un verre avant de servir.

Voir variantes p. 123

Smoothie fort en fibres

Pour 1 verre

Riche en fibres, ce smoothie favorise la digestion. Son autre point fort : il est délicieux !

1 banane, pelée et coupée en quatre
5 pruneaux, dénoyautés
6 cl de jus d'orange
16 c. à s. de yaourt nature à 20 % M. G.

Mettez tous les ingrédients dans le blender et faites tourner 1 min ou jusqu'à obtention d'un mélange homogène. Versez dans un verre et servez aussitôt.

Voir variantes p. 124

Smoothie brûle-graisses

Pour 1 verre

Soyons honnêtes : cette boisson ne brûle aucune graisse... Toutefois, le guarana est réputé pour activer le métabolisme, vous devriez donc vous mettre rapidement à l'exercice !

35 g de fraises, équeutées
35 g de framboises
35 g de myrtilles
35 g d'airelles
6 cl de jus de pomme
1 c. à c. de guarana en poudre
1 c. à s. de jus d'aloe vera

Mettez tous les ingrédients dans le blender et faites tourner 1 min ou jusqu'à obtention d'un mélange homogène. Servez aussitôt dans un verre.

Voir variantes p. 125

Variantes

Le plein de vitamine C

Recette de base p. 99

Encore plus de vitamine C

Suivez la recette de base, en remplaçant les cassis par la même quantité de mûres et les groseilles par 120 g de fraises.

Toujours plus de vitamine C

Suivez la recette de base, en remplaçant les kiwis par 1 orange.

Le plein de vitamine C, version tropicale

Suivez la recette de base, en remplaçant les cassis par 225 g de mangue dénoyautée et coupée en morceaux et les groseilles par 225 g de papaye dénoyautée et coupée en morceaux.

Jus kiwi et orange

Suivez la recette de base, en remplaçant les cassis par 2 kiwis et les groseilles par 1 orange.

Variantes

Jus énergisant

Recette de base p. 100

Jus « 5 légumes par jour »
Suivez la recette de base, en ajoutant avant de mélanger 1 poivron rouge épépiné.

Jus épinards et concombre
Suivez la recette de base, en remplaçant la betterave et les carottes par 1 concombre.

Jus énergisant, épicé
Suivez la recette de base, en ajoutant au moment de servir ½ c. à s. de sauce Worcestershire et quelques gouttes de Tabasco®.

Jus betterave, épinards et concombre
Suivez la recette de base, en remplaçant les carottes par 1 betterave.

Variantes

Lendemain de fête

Recette de base p. 101

Jus airelles, raisins, gingembre et citron
Suivez la recette de base, en remplaçant la pomme, la carotte et les branches de céleri par 150 g du mélange d'airelles séchées et de raisins secs. Ajoutez avant de mélanger ½ citron pelé et coupé à vif.

Jus pomme, airelles, raisins et gingembre
Suivez la recette de base, en remplaçant la carotte et les branches de céleri par 75 g du mélange d'airelles séchées et de raisins secs.

Jus pommes, airelles et raisins
Suivez la recette de base, en remplaçant la carotte, les branches de céleri et la racine de gingembre par 1 pomme et 75 g du mélange d'airelles séchées et de raisins secs.

Jus oranges, airelles, raisins et gingembre
Suivez la recette de base, en remplaçant la pomme, la carotte et les branches de céleri par 75 g du mélange d'airelles séchées et de raisins secs. Ajoutez avant de mélanger 2 oranges pelées et coupées à vif.

Variantes

Douceur à la cannelle

Recette de base p. 103

Douceur pommes et cannelle
Suivez la recette de base, en remplaçant les poires par la même quantité de pommes.

Douceur poires et cannelle
Suivez la recette de base, en remplaçant les pommes par la même quantité de poires.

Douceur pommes, cannelle et vanille
Suivez la recette de base, en remplaçant les poires par la même quantité de pommes. Au moment de servir, saupoudrez de quelques graines extraites de 1 gousse de vanille et ajoutez 1 filet de jus de citron. Mélangez, puis servez.

Douceur poires, cannelle et vanille
Suivez la recette de base, en remplaçant les pommes par la même quantité de poires. Au moment de servir, saupoudrez de quelques graines extraites de 1 gousse de vanille et ajoutez 1 filet de jus de citron. Mélangez, puis servez.

Variantes

Jus purifiant

Recette de base p. 104

Jus purifiant concombre et cresson
Suivez la recette de base, en remplaçant les pommes et le melon par ½ concombre.

Jus purifiant pommes et melon
Suivez la recette de base, en remplaçant le concombre par 1 pomme et le cresson par ½ melon d'hiver coupé en morceaux.

Jus purifiant pommes et concombre
Suivez la recette de base, en remplaçant le melon et le cresson par ½ concombre.

Jus purifiant concombre et menthe
Suivez la recette de base, en remplaçant les pommes, le cresson et le melon par ¾ de concombre. Ajoutez avant de mélanger quelques feuilles de menthe.

Variantes

Boisson antirhume

Recette de base p. 107

Boisson antirhume à l'orange
Suivez la recette de base, en remplaçant les citrons par 1 grosse orange pelée et coupée à vif.

Boisson antirhume orange-citron
Suivez la recette de base, en remplaçant 1 citron par 1 orange pelée et coupée à vif.

Boisson antirhume au pamplemousse
Suivez la recette de base, en remplaçant les citrons par 1 pamplemousse pelé et coupé à vif.

Boisson antirhume extraforte
Suivez la recette de base, en ajoutant avant de servir 1 c. à s. d'eau-de-vie au mélange obtenu. Laissez reposer, puis servez.

Variantes

Pour une future maman

Recette de base p. 108

Pour une future maman au céleri
Suivez la recette de base, en remplaçant 1 bouquet de brocoli par 1 branche de céleri.

Pour une future maman brocoli et citron vert
Suivez la recette de base, en remplaçant les pommes par 6 bouquets de brocoli.

Variantes

Power smoothie

Recette de base p. 111

Power smoothie à l'ananas
Suivez la recette de base, en remplaçant la banane par ½ ananas pelé et coupé en morceaux.

Power smoothie au guarana
Suivez la recette de base, en remplaçant la spiruline par 1 c. à c. de guarana en poudre.

Power smoothie à l'aloe vera
Suivez la recette de base, en remplaçant la spiruline par la même quantité de jus d'aloe vera.

Power smoothie au miel de manuka
Suivez la recette de base, en remplaçant la spiruline par 2 c. à c. de miel de manuka.

Variantes

Smoothie fort en fibres

Recette de base p. 112

Smoothie fort en fibres à la figue
Suivez la recette de base, en remplaçant les pruneaux par la même quantité de figues sèches.

Smoothie fort en fibres à l'huile de lin
Suivez la recette de base, en ajoutant avant de mélanger 1 c. à s. d'huile de lin.

Smoothie fort en fibres figues et huile de lin
Suivez la recette de base, en remplaçant les pruneaux par la même quantité de figues sèches. Ajoutez avant de mélanger 1 c. à s. d'huile de lin.

Smoothie extrafort en fibres
Suivez la recette de base, en ajoutant avant de mélanger 1 c. à s. d'huile de lin pure et 2 figues sèches.

Variantes

Smoothie brûle-graisses

Recette de base p. 115

Smoothie brûle-graisses au thé vert
Suivez la recette de base, en remplaçant le jus de pomme par la même quantité de thé vert infusé.

Smoothie fruits rouges, airelles et pomme
Suivez la recette de base, en supprimant le jus d'aloe vera et le guarana.

Smoothie brûle-graisses, lacté
Suivez la recette de base, en remplaçant le jus de pomme par 4 c. à s. de yaourt nature à 20 % M. G.

Smoothie brûle-graisses au gingembre
Suivez la recette de base, en ajoutant avant de mélanger 2 cm environ de racine de gingembre pelée et râpée.

Jus stimulants

Déguster un verre de jus de fruits frais, sans arôme artificiel ou épaississant, est toujours un vrai moment de plaisir. Le liquide extrait des fruits bien mûrs est d'une appétissante limpidité. Testez quelques-unes de ces recettes et vous ne pourrez plus vous en passer.

Or vert

Pour 1 verre

Ne vous laissez pas tromper par votre première impression... Ce breuvage purifiant, composé de légumes et de fruits, est idéal pour faciliter la digestion.

2 branches de céleri
1 pomme
1 poire
1 kiwi, pelé
1 poignée de pousses d'épinards
½ concombre
1 filet de jus de citron vert

Passez le céleri, la pomme, la poire, le kiwi, les pousses d'épinards et le concombre à la centrifugeuse. Versez le jus dans un verre. Arrosez du jus de citron vert et servez aussitôt.

Voir variantes p. 144

Sunrise

Pour 1 verre

Ce jus exquis, réchauffé par une note de gingembre, est parfait pour le petit déjeuner.

2 pommes
3 carottes, coupées en morceaux
2 cm environ de racine de gingembre, pelée

Passez tous les ingrédients à la centrifugeuse. Versez le jus dans un verre avant de servir.

Voir variantes p. 145

Jus rouge vif

Pour 1 verre

La couleur intense de cette boisson éveillera la curiosité de vos convives, sa douceur et son petit goût de noisette raviront l'assemblée !

2 grosses betteraves, coupées en morceaux
3 carottes, coupées en morceaux
2 cm environ de racine de gingembre, pelée

Passez tous les ingrédients à la centrifugeuse. Versez le jus dans un verre et servez aussitôt.

Voir variantes p. 146

Pur jus

Pour 1 verre

Ce jus, léger et rafraîchissant, apaisera les plus grandes soifs.

225 g de melon d'hiver, pelé et coupé en morceaux
1/3 de concombre
1 branche de céleri
6 feuilles de menthe

Passez tous les ingrédients à la centrifugeuse. Versez le jus dans un verre et servez aussitôt.

Voir variantes p. 147

Méli-mélo de melons

Pour 1 verre

Ces trois variétés de melon forment une association magique pour le palais. Petits et grands apprécieront !

1 tranche épaisse de pastèque, pelée et coupée en morceaux
1 tranche épaisse de melon, pelée et coupée en morceaux
1 tranche épaisse de melon d'hiver, pelée et coupée en morceaux

Passez tous les ingrédients à la centrifugeuse. Servez aussitôt dans un verre.

Voir variantes p. 148

Jus oranges, mangue et citron vert

Pour 1 verre

Vous n'avez jamais goûté de jus de mangue fraîchement pressée ? N'attendez plus !

3 oranges, pelées et coupées à vif
1 grosse mangue, pelée, dénoyautée et coupée en morceaux
Le jus de ½ citron vert

Passez les oranges et la mangue à la centrifugeuse. Versez dans un verre. Ajoutez le jus de citron vert, puis servez.

Voir variantes p. 149

Jus pommes, airelles et oranges

Pour 1 verre

Le goût acidulé des airelles rend ce jus particulièrement rafraîchissant. Un véritable coupe-soif !

2 pommes
115 g d'airelles
2 oranges, pelées et coupées à vif

Passez tous les ingrédients à la centrifugeuse. Versez le jus dans un verre et servez aussitôt.

Voir variantes p. 150

Jus carotte, pomme, céleri et betteraves

Pour 1 verre

Si l'idée d'un jus de betteraves ne vous convainc pas, essayez cette recette, délicate et légère... Vous changerez vite d'avis !

1 carotte, coupée en morceaux
1 pomme
1 branche de céleri, coupée en morceaux
2 petites betteraves, coupées en morceaux

Passez tous les ingrédients à la centrifugeuse. Versez le jus dans un verre et servez aussitôt.

Voir variantes p. 151

Breuvage d'automne

Pour 1 verre

Les fruits de cette recette sont récoltés à l'automne, saison idéale pour déguster ce jus aux saveurs délicates.

2 pommes
2 poires
150 g de mûres

Passez tous les ingrédients à la centrifugeuse. Versez le jus dans un verre et servez aussitôt.

Voir variantes p. 152

Jus aux 5 légumes

Pour 1 verre

Un verre de cette boisson constitue un repas complet : elle est non seulement riche en goûts, mais également en vitamine C, en minéraux essentiels et en fer.

1 bouquet de brocoli
2 branches de céleri, coupées en morceaux
1 carotte, coupée en morceaux
1 poivron rouge, épépiné
4 tomates
Quelques feuilles de persil
25 g de cresson
1 pincée de sel

Passez tous les ingrédients à la centrifugeuse. Versez le jus dans un verre avant de servir.

Voir variantes p. 153

Variantes

Or vert

Recette de base p. 127

Or vert céleri, pomme et kiwi
Suivez la recette de base, en remplaçant la poire, les pousses d'épinards et le concombre par 1 pomme et 1 kiwi.

Or vert pommes, poires et kiwis
Suivez la recette de base, en remplaçant le céleri, les pousses d'épinards et le concombre par 1 pomme, 1 poire et 1 kiwi.

Or vert céleri, pommes et concombre
Suivez la recette de base, en remplaçant la poire, les pousses d'épinards et le kiwi par 1 pomme et ½ concombre.

Or vert céleri, épinards et concombre
Suivez la recette de base, en remplaçant la pomme, la poire et le kiwi par 1 branche de céleri, 1 poignée de pousses d'épinards et ½ concombre.

Variantes

Sunrise

Recette de base p. 128

Jus pommes et carottes
Suivez la recette de base, en supprimant la racine de gingembre.

Jus oranges et carottes
Suivez la recette de base, en supprimant la racine de gingembre et en remplaçant les pommes par 2 oranges pelées et coupées à vif.

Jus oranges, carottes et coriandre
Suivez la recette de base, en remplaçant les pommes par la même quantité d'oranges pelées et coupées à vif et quelques feuilles de coriandre.

Jus pommes, carottes et menthe
Suivez la recette de base, en remplaçant la racine de gingembre par 6 feuilles de menthe.

Variantes

Jus rouge vif

Recette de base p. 131

Jus carottes et gingembre
Suivez la recette de base, en remplaçant les betteraves par la même quantité de carottes.

Jus betteraves, oranges et gingembre
Suivez la recette de base, en remplaçant les carottes par la même quantité d'oranges pelées et coupées à vif.

Jus betteraves et carottes
Suivez la recette de base, en supprimant la racine de gingembre.

Jus betteraves et gingembre
Suivez la recette de base, en remplaçant les carottes par 1 grosse betterave.

Variantes

Pur jus

Recette de base p. 132

Pur jus melon et concombre
Suivez la recette de base, en remplaçant la branche de céleri et les feuilles de menthe par 1/3 de concombre.

Pur jus melon, concombre et menthe
Suivez la recette de base, en supprimant la branche de céleri. Augmentez la quantité de concombre à 1/2 fruit.

Pur jus concombre, pommes et menthe
Suivez la recette de base, en remplaçant la branche de céleri et le melon par 2 pommes. Augmentez la quantité de concombre à 1/2 fruit.

Pur jus concombre et céleri
Suivez la recette de base, en remplaçant le melon et les feuilles de menthe par 1 branche de céleri. Augmentez la quantité de concombre à 1/2 fruit.

Variantes

Méli-mélo de melons

Recette de base p. 133

Méli-mélo de melons à l'eau de rose
Suivez la recette de base, en ajoutant au moment de servir 1 c. à c. d'eau de rose.

Méli-mélo de melons à la fleur d'oranger
Suivez la recette de base, en ajoutant au moment de servir 1 c. à c. d'eau de fleur d'oranger.

Méli-mélo de melons à la menthe
Suivez la recette de base, en ajoutant avant de mélanger 6 feuilles de menthe.

Méli-mélo de melons et fraises
Suivez la recette de base, en ajoutant avant de mélanger 6 grosses fraises équeutées.

Variantes

Jus oranges, mangue et citron vert

Recette de base p. 135

Jus mangues et citron vert
Suivez la recette de base, en remplaçant les oranges par 1 mangue.

Jus mangues, fruits de la Passion et citron vert
Suivez la recette de base, en remplaçant les oranges par 1 mangue. Ajoutez avant de servir le jus de 2 fruits de la Passion.

Jus ananas, mangue et citron vert
Suivez la recette de base, en remplaçant les oranges par 225 g d'ananas pelé et coupé en morceaux.

Jus ananas, mangue, fruits de la Passion et citron vert
Suivez la recette de base, en remplaçant les oranges par 225 g d'ananas, pelé et coupé en morceaux. Ajoutez avant de servir le jus de 2 fruits de la Passion.

Variantes

Jus pommes, airelles et oranges

Recette de base p. 136

Jus pommes et airelles
Suivez la recette de base, en remplaçant les oranges par la même quantité de pommes.

Jus pêches, airelles et oranges
Suivez la recette de base, en remplaçant les pommes par la même quantité de pêches pelées et dénoyautées.

Jus pommes, airelles, oranges et framboises
Suivez la recette de base, en remplaçant 35 g d'airelles par la même quantité de framboises.

Jus pommes, airelles, oranges et fraises
Suivez la recette de base, en remplaçant 35 g d'airelles par la même quantité de fraises équeutées.

Jus pommes, airelles, oranges et menthe
Suivez la recette de base, en ajoutant avant de mélanger 8 feuilles de menthe.

Variantes

Jus carotte, pomme, céleri et betteraves

Recette de base p. 139

Jus carottes, céleri et betteraves
Suivez la recette de base, en remplaçant la pomme par 1 carotte.

Jus carotte, pommes et betteraves
Suivez la recette de base, en remplaçant la branche de céleri par 1 pomme.

Jus betteraves et céleri
Suivez la recette de base, en remplaçant la carotte par 1 betterave et la pomme par 1 branche de céleri.

Jus carotte, poire, céleri et betteraves
Suivez la recette de base, en remplaçant la pomme par 1 poire pelée et épépinée.

Variantes

Breuvage d'automne

Recette de base p. 140

Jus pommes, poires et framboises
Suivez la recette de base, en remplaçant les mûres par la même quantité de framboises.

Jus pommes, poires et fraises
Suivez la recette de base, en remplaçant les mûres par la même quantité de fraises équeutées.

Jus pommes, poires et myrtilles
Suivez la recette de base, en remplaçant les mûres par la même quantité de myrtilles.

Jus pommes, poires et orange
Suivez la recette de base, en remplaçant les mûres par 1 orange pelée et coupée à vif.

Variantes

Jus aux 5 légumes

Recette de base p. 143

Jus aux 5 légumes Bloody Mary
Suivez la recette de base. Au moment de servir, ajoutez 2 c. à s. de vodka, ½ c. à s. de sauce Worcestershire, quelques gouttes de Tabasco®, 1 pincée de sel de céleri, 1 filet de jus de citron et 1 grosse pincée de poivre noir moulu. Mélangez.

Jus aux 5 légumes Virgin Mary
Suivez la recette de base. Au moment de servir, ajoutez ½ c. à s. de sauce Worcestershire, quelques gouttes de Tabasco®, 1 pincée de sel de céleri, 1 filet de jus de citron et 1 grosse pincée de poivre noir moulu. Mélangez.

Jus aux 5 légumes, légèrement épicé
Suivez la recette de base. Au moment de servir, ajoutez 1 c. à c. de sauce chili et 1 grosse pincée de poivre noir moulu. Mélangez.

Jus aux 5 légumes, légèrement acidulé
Suivez la recette de base. Au moment de servir, ajoutez 1 c. à c. de jus de citron et 1 c. à c. de jus de citron vert. Mélangez.

Cocktails pour enfants

Il n'est pas toujours aisé de faire apprécier fruits et légumes aux jeunes enfants. Les recettes de ce chapitre sont si délicieuses qu'ils n'y résisteront pas ! Doublez, triplez ou multipliez par quatre les proportions pour satisfaire toute votre petite famille.

Jus pommes, cassis et fleurs de sureau

Pour 1 verre

Si vous ne trouvez pas de sirop de fleurs de sureau, faites-le vous-même ! Utilisez-le pour parfumer un cocktail, une salade de fruits, un milk-shake...

2 pommes
75 g de cassis
½ c. à s. de sirop de fleurs de sureau

Passez les pommes et le cassis à la centrifugeuse. Versez dans un verre, ajoutez le sirop de fleurs de sureau, puis mélangez. Servez aussitôt.

Pour préparer un sirop de fleurs de sureau à la maison : récoltez une trentaine d'ombrelles bien blanches, en les prélevant du bout des doigts au ras des tiges vertes. Dans une grande casserole, saupoudrez-les de 300 g de sucre de canne blond et versez le jus de 1 citron. Ajoutez l'écorce du fruit, coupée en morceaux. Mélangez et laissez macérer toute une nuit. Le lendemain, versez ½ litre d'eau sur les fleurs, portez à ébullition et laissez frémir 10 min, en remuant. Mettez le sirop dans une bouteille, en veillant à le filtrer avec une passoire.

Voir variantes p. 172

Jus d'agrumes

Pour 1 verre

Pour réaliser ce mélange simple au goût acidulé, vous pouvez utiliser un presse-agrumes.

1 orange, pelée et coupée à vif
3 clémentines, pelées et coupées en quartiers
1 citron, pelé et coupé à vif

Passez tous les ingrédients à la centrifugeuse. Versez dans un verre avant de servir.

Voir variantes p. 173

Smoothie pêche Melba

Pour 1 verre

Une recette classique revisitée : un smoothie à la pêche agrémenté d'un coulis de framboises, éveillant le palais à des saveurs douces et acidulées.

Pour le coulis

75 g de framboises
1 filet de jus de citron
1 c. à c. de miel

Pour le smoothie

2 pêches, pelées, dénoyautées et coupées en quartiers
8 c. à s. de yaourt nature à 20 % M. G.
6 cl de lait

Mettez les ingrédients du coulis dans le blender et faites tourner jusqu'à obtention d'un mélange homogène. Versez dans un récipient et réservez. Si vous préférez éliminer les pépins des framboises, passez le coulis au tamis. Ne nettoyez pas le bol du blender pour préparer le smoothie : celui-ci prendra ainsi une teinte légèrement rosée.

Rassemblez les ingrédients du smoothie dans le blender et faites tourner 1 min ou jusqu'à homogénéité. Versez le smoothie dans une grande jatte et incorporez le coulis de framboises. Mélangez délicatement puis servez dans un verre.

Voir variantes p. 174

Smoothie beurre de cacahouètes et confiture de fraises

Pour 1 verre

L'ingrédient préféré des Américains pour la préparation des sandwiches est ici transformé en un smoothie velouté. À emporter à l'école pour un goûter original !

1 banane, pelée et coupée en quatre
1 c. à s. de confiture de fraises
1 c. à s. de beurre de cacahouètes sans morceaux
8 c. à s. de yaourt nature à 20 % M. G.
6 cl de lait

Mettez tous les ingrédients dans le blender et faites tourner jusqu'à obtention d'un mélange homogène. Versez dans un verre et servez aussitôt.

Voir variantes p. 175

Milk-shake chocolat et petites guimauves

Pour 1 verre

Un milk-shake onctueux riche en chocolat, garni de guimauves moelleuses : un dessert qui va faire fureur auprès des enfants !

20 c. à s. de crème glacée au chocolat
2 c. à s. de lait
1 c. à s. de coulis de chocolat
50 g de petites guimauves

Mettez la crème glacée au chocolat et le lait dans le blender et faites tourner jusqu'à obtention d'un mélange homogène. Versez dans une jatte, incorporez le coulis de chocolat et les petites guimauves, puis mélangez délicatement. Servez aussitôt dans un verre.

Voir variantes p. 176

Smoothie banane et confiture de lait

Pour 1 verre

Ce smoothie est tout simplement irrésistible : la confiture de lait apporte douceur et velouté, le yaourt lui donne une texture onctueuse et satinée.

1 ½ banane, pelée et coupée en quatre
1 c. à s. de confiture de lait
8 c. à s. de yaourt nature à 20 % M. G.
6 cl de lait
1 biscuit au gingembre, émietté

Mettez la banane, la confiture de lait, le yaourt et le lait dans le blender et faites tourner 1 min ou jusqu'à obtention d'un mélange homogène. Versez dans un verre et parsemez des miettes de biscuit.

Voir variantes p. 177

Limonade à l'ananas

Pour 1 verre

Voici une version exotique de la limonade traditionnelle. Préparez-en une carafe pour accompagner les longs après-midi d'été !

¼ d'ananas, pelé et coupé en morceaux
6 cl d'eau gazeuse

Passez l'ananas à la centrifugeuse. Au moment de servir, versez dans un verre et ajoutez l'eau gazeuse.

Voir variantes p. 178

Jus pétillant fraises et nectarines

Pour 1 verre

L'ajout de soda permet de rallonger une petite quantité de jus de fruits. Cette recette sans alcool peut remplacer le champagne lors d'occasions à célébrer.

150 g de fraises, équeutées
2 nectarines, dénoyautées
6 cl d'eau gazeuse

Passez les fruits à la centrifugeuse. Au moment de servir, versez dans un verre et ajoutez l'eau gazeuse.

Voir variantes p. 179

Smoothie cheesecake à la fraise

Pour 1 verre

Ce smoothie ressemble à un cheesecake renversé : les miettes de biscuit sont saupoudrées sur une préparation crémeuse aux fruits.

150 g de fraises, équeutées
1 c. à s. de confiture de fraises
8 c. à s. de mascarpone
8 c. à s. de yaourt nature à 20 % M. G.
1 c. à c. d'arôme de vanille
1 biscuit au gingembre, émietté

Mettez les fraises, la confiture, le mascarpone, le yaourt et l'arôme de vanille dans le blender et faites tourner 1 min ou jusqu'à obtention d'un mélange homogène. Versez dans un verre et parsemez des miettes de biscuit.

Voir variantes p. 180

Boisson des sorcières

Pour 1 verre

La couleur verte de ce jus évoque les monstres et fantômes qui rôdent la nuit de Halloween. Les enfants sauront aussi l'apprécier toute l'année !

150 g de raisins blancs, épépinés
1 kiwi, pelé
225 g de melon d'hiver, pelé et coupé en morceaux
3 pommes vertes

Passez tous les ingrédients à la centrifugeuse. Versez le jus dans un verre et servez aussitôt.

Voir variantes p. 181

Variantes

Jus pommes, cassis et fleurs de sureau

Recette de base p. 155

Jus pommes et fleurs de sureau
Suivez la recette de base, en remplaçant les cassis par 1 pomme.

Jus pommes, mûres et fleurs de sureau
Suivez la recette de base, en remplaçant les cassis par la même quantité de mûres.

Jus pommes, framboises et fleurs de sureau
Suivez la recette de base, en remplaçant les cassis par la même quantité de framboises.

Jus pommes, fraises et fleurs de sureau
Suivez la recette de base, en remplaçant les cassis par la même quantité de fraises.

Variantes

Jus d'agrumes

Recette de base p. 156

Jus oranges et clémentines
Suivez la recette de base, en remplaçant le citron par 1 orange.

Jus clémentines, citron et citron vert
Suivez la recette de base, en remplaçant l'orange par 1 citron vert. Ajoutez avant de mélanger ½ c. à c. de sucre.

Jus oranges et citron
Suivez la recette de base, en remplaçant les clémentines par 2 oranges.

Jus mandarines et citron
Suivez la recette de base, en remplaçant l'orange et les clémentines par 3 mandarines. Ajoutez avant de mélanger ½ c. à c. de sucre.

Variantes

Smoothie pêche Melba

Recette de base p. 159

Smoothie fraises Melba
Suivez la recette de base, en remplaçant les pêches par 200 g de fraises équeutées.

Smoothie pêche Melba, coulis de myrtilles
Suivez la recette de base, en remplaçant les framboises par la même quantité de myrtilles.

Smoothie mangue Melba
Suivez la recette de base, en remplaçant les pêches par 225 g de mangue pelée, dénoyautée et coupée en morceaux.

Smoothie banane Melba
Suivez la recette de base, en remplaçant les pêches par 1 ½ banane pelée et coupée en quatre.

Variantes

Smoothie beurre de cacahouètes et confiture de fraises

Recette de base p. 160

Smoothie beurre de cacahouètes et gelée de framboise
Suivez la recette de base, en remplaçant la confiture de fraises par la même quantité de gelée de framboise.

Smoothie beurre de cacahouètes et gelée de mûre
Suivez la recette de base, en remplaçant la confiture de fraises par la même quantité de gelée de mûre.

Smoothie beurre de cacahouètes et gelée de cassis
Suivez la recette de base, en remplaçant la confiture de fraises par la même quantité de gelée de cassis.

Smoothie beurre de cacahouètes et marmelade d'oranges
Suivez la recette de base, en remplaçant la confiture de fraises par la même quantité de marmelade d'oranges.

Smoothie beurre de cacahouètes et chocolat
Suivez la recette de base, en remplaçant la confiture de fraises par la même quantité de pâte à tartiner au chocolat.

Variantes

Milk-shake chocolat et petites guimauves

Recette de base p. 163

Milk-shake chocolat blanc et petites guimauves
Suivez la recette de base, en remplaçant la crème glacée au chocolat par la même quantité de crème glacée au chocolat blanc.

Milk-shake chocolat blanc et coulis de fraises
Suivez la recette de base, en remplaçant la crème glacée au chocolat par de la crème glacée au chocolat blanc et le coulis de chocolat par du coulis de fraises, dans les mêmes quantités.

Milk-shake tout chocolat
Suivez la recette de base, en supprimant les guimauves.

Milk-shake chocolat, orange et petites guimauves
Suivez la recette de base, en remplaçant le coulis de chocolat par la même quantité de marmelade d'oranges sans écorce, diluée dans 1 c. à s. d'eau chaude.

Milk-shake moka et petites guimauves
Suivez la recette de base, en ajoutant 2 c. à s. (1 dosette) de café expresso.

Variantes

Smoothie banane et confiture de lait

Recette de base p. 164

Smoothie banane, confiture de lait et chocolat
Suivez la recette de base. Au moment de servir, parsemez de chocolat noir râpé.

Smoothie banane et chocolat
Suivez la recette de base, en remplaçant la confiture de lait par la même quantité de coulis de chocolat.

Smoothie fraises et confiture de lait
Suivez la recette de base, en remplaçant la banane par 150 g de fraises équeutées.

Smoothie pêches et confiture de lait
Suivez la recette de base, en remplaçant la banane par 2 pêches pelées, dénoyautées et coupées en quartiers.

Variantes

Limonade à l'ananas

Recette de base p. 166

Limonade ananas et menthe
Suivez la recette de base, en versant la limonade dans un verre glacé. Garnissez de quelques feuilles de menthe.

Orangeade
Suivez la recette de base, en remplaçant l'ananas par 3 oranges.

Limonade à la pomme
Suivez la recette de base, en remplaçant l'ananas par 3 pommes.

Citronnade
Suivez la recette de base, en remplaçant l'ananas par 3 citrons. Au moment de servir, ajoutez 1 c. à s. de sucre en poudre et mélangez bien.

Limonade à la cerise
Suivez la recette de base, en remplaçant l'ananas par 150 g de cerises dénoyautées.

Variantes

Jus pétillant fraises et nectarines

Recette de base p. 167

Jus pétillant à la fraise
Suivez la recette de base, en remplaçant les nectarines par 150 g de fraises.

Jus pétillant framboises et nectarines
Suivez la recette de base, en remplaçant les fraises par la même quantité de framboises.

Jus pétillant à la nectarine
Suivez la recette de base, en remplaçant les fraises par ½ nectarine.

Jus pétillant fraises et framboises
Suivez la recette de base, en remplaçant les nectarines par 150 g de framboises.

Variantes

Smoothie cheesecake à la fraise

Recette de base p. 168

Smoothie cheesecake à la mûre
Suivez la recette de base, en remplaçant les fraises par des mûres et la confiture de fraises par de la gelée de mûre, dans les mêmes quantités.

Smoothie cheesecake à la framboise
Suivez la recette de base, en remplaçant les fraises par des framboises et la confiture de fraises par de la gelée de framboise, dans les mêmes quantités.

Smoothie cheesecake à la rhubarbe
Suivez la recette de base, en remplaçant les fraises par de la compote de rhubarbe et la confiture de fraises par de la gelée de rhubarbe, dans les mêmes quantités.

Smoothie cheesecake façon tiramisu
Suivez la recette de base, en remplaçant les fraises et la confiture de fraises par 4 c. à s. de mascarpone.

Variantes

Boisson des sorcières

Recette de base p. 171

Boisson aux serpents de sorcière
Suivez la recette de base. Au moment de servir, ajoutez quelques serpents en gélatine dans le verre.

Boisson rouge des sorcières
Suivez la recette de base, en remplaçant les fruits de la liste par 1 prune rouge, 150 g de raisins noirs épépinés, 225 g de pastèque coupée en morceaux et 3 pommes rouges.

Boisson des sorcières raisin-kiwi
Suivez la recette de base, en remplaçant le melon par 1 kiwi et les pommes par 150 g de raisins blancs épépinés.

Boisson des sorcières raisin-melon
Suivez la recette de base, en remplaçant le kiwi par 75 g de raisins blancs épépinés et les pommes par 125 g de melon.

Milk-shakes

Si le principal ingrédient des smoothies est le fruit frais, les milk-shakes, eux, ne jurent que par de la crème glacée, riche et bien épaisse. Les recettes de ce chapitre proposent des boissons mousseuses, à l'onctuosité incomparable.

Milk-shake à la banane

Pour 1 verre

Une recette vite préparée et... très vite dégustée !

1 banane, pelée et coupée en quatre
20 c. à s. de crème glacée à la vanille
2 c. à s. de lait

Mettez tous les ingrédients dans le blender et faites tourner 1 min. Versez dans un verre et servez aussitôt.

Voir variantes p. 198

Milk-shake framboises et chocolat blanc

Pour 1 verre

Cette recette est très simple à réaliser, à condition d'utiliser de la crème glacée au chocolat blanc prête à l'emploi. Choisissez pour cela un produit de la meilleure qualité possible, le milk-shake n'en sera que plus savoureux.

115 g de framboises
20 c. à s. de crème glacée au chocolat blanc
2 c. à s. de lait

Mettez tous les ingrédients dans le blender et faites tourner 1 min. Versez dans un verre avant de servir.

Voir variantes p. 199

Milk-shake aux fruits rouges

Pour 1 verre

Des fruits rouges, cueillis dans les bois ou le long des haies, sont les ingrédients de cette boisson estivale exquise et rafraîchissante.

150 g de myrtilles
150 g de mûres
150 g de fraises
150 g de framboises
20 c. à s. de crème glacée à la vanille
2 c. à s. de lait

Mettez tous les ingrédients dans le blender et faites tourner 1 min. Servez aussitôt dans un verre.

Voir variantes p. 200

Milk-shake poire, chocolat et gingembre

Pour 1 verre

L'association de la poire et du chocolat a inspiré, avec succès, de nombreuses recettes : le milk-shake ne déroge pas à la règle !

1 poire, pelée et coupée en morceaux
20 c. à s. de crème glacée au chocolat
2 cm environ de racine de gingembre, pelée et râpée
2 c. à s. de lait

Mettez tous les ingrédients dans le blender et faites tourner 1 min. Versez dans un verre et servez aussitôt.

Voir variantes p. 201

Milk-shake chocolat et orange

Pour 1 verre

Une variante savoureuse du traditionnel milk-shake au chocolat.

Le jus de 1 petite orange
Le zeste de ½ orange
20 c. à s. de crème glacée au chocolat
2 c. à s. de lait
3 c. à s. de Maïzena

Mettez tous les ingrédients dans le blender et faites tourner 1 min. Versez dans un verre avant de servir.

Voir variantes p. 202

Lassi fraises et menthe

Pour 1 verre

Le lassi est une boisson traditionnelle indienne, à base de lait fermenté ou de yaourt, idéale pour apaiser le feu d'un repas épicé.

8 fraises, équeutées
25 cl de lait
8 c. à s. de yaourt nature à 20 % M. G.
1 c. à c. de sucre en poudre
4 feuilles de menthe

Mettez tous les ingrédients dans le blender et faites tourner 1 min. Versez dans un verre et servez aussitôt.

Voir variantes p. 203

Lassi mangue et cardamome

Pour 1 verre

Ce lassi met à l'honneur des fruits cultivés dans les forêts de l'Inde. La cardamome, aux propriétés digestives, est utilisée traditionnellement pour parfumer le thé.

2 gousses de cardamome
1 mangue, pelée, dénoyautée et coupée en morceaux
25 cl de lait
8 c. à s. de yaourt nature à 20 % M. G.
1 c. à c. de sucre en poudre (facultatif)

Ôtez les graines des gousses de cardamome et écrasez-les légèrement. Mettez tous les ingrédients dans le blender et faites tourner 1 min. Versez dans un verre avant de servir.

Voir variantes p. 204

Milk-shake fraises et pastèque

Pour 1 verre

On considère souvent que les milk-shakes sont des boissons réservées aux enfants. Celui-ci, léger et parfumé, sera très certainement apprécié des adultes.

115 g de fraises, équeutées
115 g de pastèque, pelée et coupée en morceaux
16 c. à s. de crème glacée à la vanille
2 c. à s. de lait

Mettez tous les ingrédients dans le blender et faites tourner 1 min ou jusqu'à obtention d'un mélange homogène. Versez dans un verre et servez aussitôt.

Voir variantes p. 205

Variantes

Milk-shake à la banane

Recette de base p. 183

Milk-shake banane et germes de blé
Suivez la recette de base, en ajoutant avant de mélanger 1 c. à s. de germes de blé.

Milk-shake banane et beurre de cacahouètes
Suivez la recette de base, en ajoutant avant de mélanger 1 c. à s. de beurre de cacahouètes sans morceaux.

Milk-shake banane et chocolat
Suivez la recette de base, en remplaçant la crème glacée à la vanille par la même quantité de crème glacée au chocolat.

Milk-shake banane, chocolat et germes de blé
Suivez la recette de base, en remplaçant la crème glacée à la vanille par la même quantité de crème glacée au chocolat. Ajoutez avant de mélanger 1 c. à s. de germes de blé.

Variantes

Milk-shake framboises et chocolat blanc

Recette de base p. 184

Milk-shake au chocolat blanc
Suivez la recette de base, en remplaçant les framboises par 4 c. à s. de crème glacée au chocolat blanc.

Milk-shake framboises, chocolat blanc et germes de blé
Suivez la recette de base, en ajoutant avant de mélanger 1 c. à s. de germes de blé.

Milk-shake chocolat blanc et germes de blé
Suivez la recette de base, en remplaçant les framboises par 4 c. à s. de crème glacée au chocolat blanc. Ajoutez avant de mélanger 1 c. à s. de germes de blé.

Milk-shake double chocolat
Suivez la recette de base, en remplaçant les framboises par 8 c. à s. de crème glacée au chocolat blanc et 1 c. à s. de pépites de chocolat noir.

Variantes

Milk-shake aux fruits rouges

Recette de base p. 187

Milk-shake fruits rouges et germes de blé

Suivez la recette de base, en ajoutant avant de mélanger 1 c. à s. de germes de blé.

Milk-shake fruits rouges et eau de rose

Suivez la recette de base, en ajoutant avant de mélanger 1 c. à s. d'eau de rose.

Milk-shake fruits rouges et chocolat

Suivez la recette de base, en remplaçant la crème glacée à la vanille par la même quantité de crème glacée au chocolat.

Milk-shake fruits rouges et gingembre

Suivez la recette de base, en remplaçant la crème glacée à la vanille par la même quantité de crème glacée au gingembre. Si vous n'en trouvez pas, préparez la recette comme suit :

Épluchez et râpez 10 g de racine de gingembre frais. Faites bouillir 20 cl de lait et ajoutez le gingembre. Fouettez 5 jaunes d'œuf avec 60 g de sucre en poudre. Quand le mélange commence à blanchir, incorporez le lait bouillant, sans cesser de remuer. Faites cuire le mélange à feu doux jusqu'à consistance épaisse et onctueuse. Filtrez et laissez refroidir. Versez dans une sorbetière et laissez prendre.

Variantes

Milk-shake poire, chocolat et gingembre

Recette de base p. 188

Milk-shake généreux poire, chocolat et gingembre
Suivez la recette de base. Au moment de servir, parsemez des miettes de 1 biscuit au gingembre.

Milk-shake poire et chocolat
Suivez la recette de base, en supprimant la racine de gingembre.

Milk-shake poire et double chocolat
Suivez la recette de base, en supprimant la racine de gingembre. Au moment de servir, saupoudrez de 1 c. à c. de vermicelles au chocolat.

Milk-shake poire, chocolat et germes de blé
Suivez la recette de base, en ajoutant avant de mélanger 1 c. à s. de germes de blé.

Variantes

Milk-shake chocolat et orange

Recette de base p. 191

Milk-shake chocolat, orange et germes de blé
Suivez la recette de base, en ajoutant avant de mélanger 1 c. à s. de germes de blé.

Milk-shake chocolat et menthe
Suivez la recette de base, en remplaçant le jus et le zeste d'orange par quelques gouttes d'extrait de menthe et 4 c. à s. de crème glacée au chocolat.

Milk-shake chocolat et café
Suivez la recette de base, en remplaçant le jus et le zeste d'orange par 1 c. à c. de café instantané, dilué dans 1 c. à s. d'eau chaude.

Milk-shake chocolat et confiture de lait
Suivez la recette de base, en remplaçant le jus et le zeste d'orange par 1 c. à s. de confiture de lait.

Variantes

Lassi fraises et menthe

Recette de base p. 192

Lassi à la fraise
Suivez la recette de base, en supprimant les feuilles de menthe.

Lassi fraises et eau de rose
Suivez la recette de base, en remplaçant les feuilles de menthe par 1 c. à c. d'eau de rose.

Lassi fraises, menthe et eau de rose
Suivez la recette de base, en ajoutant avant de mélanger 1 c. à c. d'eau de rose.

Lassi fraises, litchis et eau de rose
Suivez la recette de base, en remplaçant les feuilles de menthe par 4 litchis pelés et dénoyautés et 1 c. à c. d'eau de rose.

Variantes

Lassi mangue et cardamome

Recette de base p. 195

Lassi à la mangue
Suivez la recette de base, en supprimant la cardamome.

Lassi mangue et citronnelle
Suivez la recette de base, en remplaçant la cardamome par ½ tige de citronnelle coupée en morceaux.

Lassi mangue et piment
Suivez la recette de base, en remplaçant la cardamome par ½ piment rouge épépiné.

Lassi mangue et menthe
Suivez la recette de base, en remplaçant la cardamome par 4 feuilles de menthe.

Lassi mangue, cardamome et coco
Suivez la recette de base, en remplaçant le lait par la même quantité de lait de coco.

Variantes

Milk-shake fraises et pastèque

Recette de base p. 196

Milk-shake à la pastèque
Suivez la recette de base, en remplaçant les fraises par 110 g de pastèque.

Milk-shake fraises, pastèque et eau de rose
Suivez la recette de base, en ajoutant avant de mélanger 1 c. à c. d'eau de rose.

Milk-shake fraises, pastèque et germes de blé
Suivez la recette de base, en ajoutant avant de mélanger 1 c. à s. de germes de blé.

Milk-shake framboises et pastèque
Suivez la recette de base, en remplaçant les fraises par 150 g de framboises.

Milk-shake fraises et melon d'hiver
Suivez la recette de base, en remplaçant la pastèque par la même quantité de melon d'hiver.

Boissons glacées

Les smoothies et milk-shakes présentés dans ce chapitre sont à servir très froids. La plupart des recettes comportent de la glace pilée, un ingrédient épaississant et rafraîchissant à la fois. Des boissons à siroter au plus fort de l'été !

Smoothie glacé mangue, ananas et papaye

Pour 1 verre

Cette boisson, composée d'un mélange de fruits exotiques, est délicieusement crémeuse.

½ mangue, pelée et dénoyautée
115 g d'ananas, pelé et coupé en morceaux
½ petite papaye, pelée et épépinée
8 c. à s. de crème glacée à la vanille
4 glaçons

Mettez tous les ingrédients dans le blender et faites tourner 30 s ou jusqu'à obtention d'un mélange homogène. Versez dans un verre et servez aussitôt.

Voir variantes p. 224

Smoothie chocolat et pistaches

Pour 1 verre

La pistache se mêle harmonieusement à de nombreux ingrédients, et le chocolat en fait partie. Une association à tester d'urgence !

35 g de pistaches non salées, décortiquées
20 c. à s. de crème glacée au chocolat
3 c. à s. de lait

Mettez tous les ingrédients dans le blender et faites tourner 1 min. Versez dans un verre avant de servir.

Voir variantes p. 225

Smoothie abricots et chocolat blanc

Pour 1 verre

Pour réaliser ce smoothie, vous pouvez utiliser, au choix, des abricots frais ou secs. Ces derniers ont un goût légèrement plus prononcé, mais le résultat est tout aussi délicieux.

75 g d'abricots secs ou 150 g d'abricots frais, dénoyautés
20 c. à s. de crème glacée au chocolat blanc
3 c. à s. de lait

Mettez tous les ingrédients dans le blender et faites tourner 1 min. Servez aussitôt dans un verre.

Voir variantes p. 226

Smoothie menthe et pépites de chocolat

Pour 1 verre

Le mariage de la menthe et du chocolat est souvent célébré en pâtisserie. En voici une version liquide.

20 c. à s. de crème glacée à la menthe aux éclats de chocolat noir
3 c. à s. de lait
1 c. à s. de pépites de chocolat

Mettez tous les ingrédients dans le blender et faites tourner 1 min. Versez dans un verre et servez aussitôt.

Voir variantes p. 227

Boisson glacée au moka

Pour 1 verre

Café et chocolat forment une association culinaire universelle. Ici, leurs saveurs se révèlent dans un milk-shake à la fois rafraîchissant et consistant.

1 c. à s. de café instantané dilué dans 1 c. à s. d'eau bouillante
16 c. à s. de crème glacée au chocolat
3 c. à s. de lait

Mettez tous les ingrédients dans le blender et faites tourner 1 min. Versez dans un verre avant de servir.

Voir variantes p. 228

Boisson glacée banane, ananas et coco

Pour 1 verre

Cette boisson aux saveurs exotiques apportera une note caribéenne dans votre cuisine !

1 banane, pelée et coupée en quatre
75 g d'ananas, pelé et coupé en morceaux
16 c. à s. de crème glacée à la noix de coco
8 c. à s. de lait de coco

Mettez tous les ingrédients dans le blender et faites tourner 1 min. Versez dans un verre et servez aussitôt.

Voir variantes p. 229

Granité framboises et ananas

Pour 1 verre

Ce mélange de fruits à déguster avec de la glace est une alternative aux boissons alcoolisées, appréciée lors de soirées entre amis.

150 g de framboises
½ ananas, pelé et coupé en morceaux
2 verres de glaçons

Passez les fruits à la centrifugeuse, puis versez le jus obtenu dans le blender. Ajoutez les glaçons et mélangez jusqu'à obtention d'un mélange homogène. Servez aussitôt dans un verre.

Voir variantes p. 230

Granité pastèque et menthe

Pour 1 verre

Une combinaison exotique à la fois parfumée et légère : un régal !

350 g de pastèque, pelée et coupée en morceaux
1 verre de glaçons
3 feuilles de menthe

Passez la pastèque à la centrifugeuse. Versez le jus obtenu dans le blender sur les glaçons. Ajoutez les feuilles de menthe, puis faites tourner 1 min. Servez aussitôt dans un verre.

Voir variantes p. 231

Granité parfumé au café

Pour 1 verre

Cette recette constitue la boisson idéale pour conclure un repas d'été.

1 c. à s. de café instantané dilué dans 1 c. à s. d'eau bouillante
1 c. à c. de sucre en poudre (facultatif)
½ verre de glaçons

Mettez tous les ingrédients dans le blender et faites tourner 1 min. Versez dans un verre à liqueur ou une tasse à expresso et servez aussitôt.

Voir variantes p. 232

Granité papaye et citron vert

Pour 1 verre

Le mélange contrasté des saveurs tropicales et de la glace pilée s'avère très rafraîchissant.

1 papaye, pelée et épépinée
2 verres de glaçons
Le jus de 1 citron vert

Passez la papaye à la centrifugeuse. Versez le jus obtenu dans le blender sur les glaçons. Ajoutez le jus de citron vert, puis faites tourner 1 min. Servez aussitôt dans un verre.

Voir variantes p. 233

Variantes

Smoothie glacé mangue, ananas et papaye

Recette de base p. 207

Smoothie glacé mangue et papaye
Suivez la recette de base, en remplaçant l'ananas par ½ mangue.

Smoothie glacé mangue, fruits de la Passion et papaye
Suivez la recette de base, en remplaçant l'ananas par ½ mangue. Ajoutez avant de mélanger le jus de 2 fruits de la Passion.

Smoothie glacé mangue, ananas, fruits de la Passion et papaye
Suivez la recette de base, en ajoutant avant de mélanger le jus de 2 fruits de la Passion.

Smoothie glacé mangue et papaye, alcoolisé
Suivez la recette de base, en remplaçant l'ananas par ½ mangue. Ajoutez avant de mélanger 2 c. à s. de rhum ambré.

Variantes

Smoothie chocolat et pistaches

Recette de base p. 208

Smoothie chocolat et amandes
Suivez la recette de base, en remplaçant les pistaches par la même quantité d'amandes.

Smoothie chocolat blanc et pistaches
Suivez la recette de base, en remplaçant la crème glacée au chocolat par la même quantité de crème glacée au chocolat blanc.

Smoothie chocolat, pistaches et fleur d'oranger
Suivez la recette de base, en ajoutant avant de mélanger ½ c. à c. d'eau de fleur d'oranger.

Smoothie chocolat blanc, pistaches et fleur d'oranger
Suivez la recette de base, en remplaçant la crème glacée au chocolat par la même quantité de crème glacée au chocolat blanc. Ajoutez avant de mélanger ½ c. à c. d'eau de fleur d'oranger.

Variantes

Smoothie abricots et chocolat blanc

Recette de base p. 210

Smoothie vanille et chocolat blanc
Suivez la recette de base, en remplaçant les abricots par ½ c. à c. d'arôme de vanille.

Smoothie confiture de lait et chocolat blanc
Suivez la recette de base, en remplaçant les abricots par 1 c. à s. de confiture de lait.

Smoothie menthe et chocolat blanc
Suivez la recette de base, en remplaçant les abricots par ½ c. à c. d'extrait de menthe.

Smoothie fraises et chocolat blanc
Suivez la recette de base, en remplaçant les abricots par la même quantité de fraises.

Variantes

Smoothie menthe et pépites de chocolat

Recette de base p. 211

Smoothie menthe et double chocolat
Suivez la recette de base, en ajoutant avant de mélanger 2 c. à s. de coulis de chocolat.

Smoothie épais menthe et pépites de chocolat
Suivez la recette de base, en remplaçant le lait par 4 c. à s. de crème fraîche épaisse.

Smoothie menthe et pépites de chocolat, alcoolisé
Suivez la recette de base, en ajoutant avant de mélanger 2 c. à s. de crème de menthe.

Smoothie éclats de menthe et pépites de chocolat
Suivez la recette de base, en ajoutant avant de mélanger 2 bonbons à la menthe écrasés.

Variantes

Boisson glacée au moka

Recette de base p. 212

Boisson épaisse glacée au moka
Suivez la recette de base, en remplaçant le lait par 4 c. à s. de crème fraîche épaisse.

Boisson glacée moka et double chocolat
Suivez la recette de base, en ajoutant avant de mélanger 1 c. à s. de pépites de chocolat.

Boisson glacée moka et triple chocolat
Suivez la recette de base, en ajoutant avant de mélanger 1 c. à s. de pépites de chocolat et 1 c. à s. de coulis de chocolat.

Boisson glacée moka et chocolat blanc
Suivez la recette de base, en remplaçant la crème glacée au chocolat par la même quantité de crème glacée au chocolat blanc.

Variantes

Boisson glacée banane, ananas et coco

Recette de base p. 215

Boisson glacée banane, ananas, coco et rhum
Suivez la recette de base, en ajoutant avant de mélanger 2 c. à s. de rhum ambré.

Boisson glacée banane, ananas, coco et Malibu®
Suivez la recette de base, en ajoutant avant de mélanger 2 c. à s. de Malibu®.

Boisson glacée banane, coco et pépites de chocolat
Suivez la recette de base, en remplaçant l'ananas par 1/2 banane. Ajoutez avant de mélanger 1 c. à s. de pépites de chocolat.

Boisson glacée papaye, ananas et coco
Suivez la recette de base, en remplaçant la banane par 350 g de papaye pelée, épépinée et coupée en morceaux.

Variantes

Granité framboises et ananas

Recette de base p. 216

Granité à la framboise
Suivez la recette de base, en remplaçant l'ananas par 300 g de framboises.

Granité à l'ananas
Suivez la recette de base, en remplaçant les framboises par 1/4 d'ananas.

Granité fraises et ananas
Suivez la recette de base, en remplaçant les framboises par la même quantité de fraises.

Granité framboises et pommes
Suivez la recette de base, en remplaçant l'ananas par 3 pommes.

Granité citron et ananas
Suivez la recette de base, en remplaçant les framboises par 2 c. à s. de jus de citron et 1 c. à s. de sirop de sucre de canne.

Variantes

Granité pastèque et menthe

Recette de base p. 219

Granité fraises et menthe
Suivez la recette de base, en remplaçant la pastèque par 350 g de fraises.

Granité mangue et menthe
Suivez la recette de base, en remplaçant la pastèque par 450 g de mangue pelée, dénoyautée et coupée en morceaux.

Granité pommes et menthe
Suivez la recette de base, en remplaçant la pastèque par 3 pommes.

Granité oranges et menthe
Suivez la recette de base, en remplaçant la pastèque par 3 oranges.

Variantes

Granité parfumé au café

Recette de base p. 220

Granité café-crème
Suivez la recette de base, en ajoutant avant de mélanger 1 c. à s. de crème fraîche épaisse.

Granité cacaoté
Suivez la recette de base, en ajoutant avant de mélanger 1 c. à c. de cacao amer en poudre.

Granité à la liqueur de café
Suivez la recette de base, en ajoutant avant de mélanger 1 c. à s. de Kahlúa® ou de Tia Maria®.

Granité au café, aromatisé
Suivez la recette de base, en ajoutant avant de mélanger 1 c. à s. de sirop aromatisé (noisette, vanille, menthe).

Granité café et Baileys®
Suivez la recette de base, en ajoutant avant de mélanger 1 c. à s. de Baileys®.

Variantes

Granité papaye et citron vert

Recette de base p. 223

Granité papaye et pamplemousse
Suivez la recette de base, en remplaçant le jus de citron vert par le jus de 1 pamplemousse.

Granité papaye et orange
Suivez la recette de base, en remplaçant le jus de citron vert par le jus de 1 orange.

Granité papaye et citron
Suivez la recette de base, en remplaçant le jus de citron vert par le jus de 1 citron.

Granité papaye et mandarines
Suivez la recette de base, en remplaçant le jus de citron vert par le jus de 2 mandarines.

Inspiration pâtissière

Voici une série de boissons fraîches et crémeuses, variantes onctueuses et glacées de recettes pâtissières traditionnelles. Idéales pour un goûter original ou un dessert gourmand !

Smoothie fraises à la crème

Pour 1 verre

Des fraises sur un lit de crème fraîche, savourées par un après-midi d'été, quel délice ! Régalez-vous avec cette version liquide.

75 g de fraises, équeutées
20 c. à s. de crème glacée à la fraise
2 c. à s. de crème fraîche épaisse
1 fraise, pour le décor (facultatif)

Mettez tous les ingrédients dans le blender et faites tourner 1 min. Versez dans un verre, décorez d'une fraise puis servez.

Voir variantes p. 248

Forêt-noire à boire

Pour 1 verre

La base de cette boisson est un smoothie classique cerises et crème glacée au chocolat, agrémenté de petits morceaux de génoise fondante au chocolat.

200 g de cerises, dénoyautées
20 c. à s. de crème glacée au chocolat
2 c. à s. de crème fraîche épaisse
115 g de génoise au chocolat, coupée en cubes

Mettez les cerises, la crème glacée et la crème dans le blender et faites tourner 1 min. Servez aussitôt dans un verre et garnissez des cubes de génoise au chocolat.

Voir variantes p. 249

Smoothie mangue, mandarine et coco

Pour 1 verre

Une boisson douce et crémeuse exhalant les saveurs de l'Asie du Sud-Est.

1 mangue, pelée, dénoyautée et coupée en morceaux
1 mandarine, pelée et coupée à vif
20 c. à s. de crème glacée à la noix de coco
12 cl de lait de coco

Mettez tous les ingrédients dans le blender et mixez 1 min. Versez aussitôt dans un verre.

Voir variantes p. 250

Smoothie made in Italie

Pour 1 verre

Le tiramisu, dessert italien à base de mascarpone, est ici transformé en une boisson généreuse qui conclura avec originalité un repas entre amis.

16 c. à s. de crème glacée à la vanille
8 c. à s. de mascarpone
1 c. à s. de crème fraîche épaisse
1 c. à c. de café instantané dilué dans 1 c. à s. d'eau bouillante
1 biscuit à la cuillère
Un peu de cacao amer en poudre, pour la garniture

Mettez la crème glacée, le mascarpone et la crème dans le blender. Faites tourner 1 min. Versez dans un verre. Émiettez grossièrement le biscuit à la cuillère et trempez-le dans le café dilué, puis incorporez au smoothie. Saupoudrez de cacao et servez.

Voir variantes p. 251

Smoothie comme un trifle à la fraise

Pour 1 verre

Le trifle, venu d'Angleterre, se compose typiquement d'ingrédients disposés en couches successives : génoise, jelly, fruits, le tout recouvert de crème anglaise et de chantilly. Ce dessert sans cuisson s'adapte particulièrement bien à la préparation d'un smoothie.

150 g de fraises, équeutées
16 c. à s. de crème glacée à la framboise
12 cl de crème anglaise prête à l'emploi
1 boudoir, émietté
Quelques vermicelles de couleur, pour le décor

Mettez les fraises, la crème glacée et la crème anglaise dans le blender et faites tourner 1 min. Versez dans un verre, parsemez des miettes de boudoir et mélangez bien. Au moment de servir, saupoudrez de vermicelles de couleur.

Voir variantes p. 252

Smoothie crémeux banane et vanille

Pour 1 verre

Les enfants adorent ce dessert, et les adultes peuvent aussi se laisser tenter ! À défaut de barre chocolatée, râpez un carré de votre chocolat préféré sur le dessus du smoothie.

1 banane, pelée et coupée en quatre
20 c. à s. de crème glacée à la vanille
2 c. à s. de crème fraîche épaisse
1 barre chocolatée, émiettée

Mettez la banane, la crème glacée et la crème dans le blender et faites tourner 1 min. Versez dans un verre et saupoudrez des miettes de barre chocolatée. Servez aussitôt.

Voir variantes p. 253

Pudding poire et gingembre dans un verre

Pour 1 verre

Le gingembre apporte une touche doucement épicée à ce smoothie fruité, inspiré d'un dessert so british !

1 poire, pelée, épépinée et coupée en quartiers
20 c. à s. de crème glacée au gingembre (voir recette p. 200)
3 c. à s. de crème fraîche épaisse
2 biscuits au gingembre, émiettés

Mettez la poire, la crème glacée et la crème dans le blender et faites tourner 1 min. Versez dans un verre. Au moment de servir, parsemez de miettes de biscuit au gingembre.

Voir variantes p. 254

Smoothie façon crumble aux pommes

Pour 1 verre

Ce dessert typique de la cuisine britannique est souvent servi accompagné d'une cuillerée de crème fraîche. Ici, le crumble et la crème sont mélangés dans un smoothie généreux.

225 g de compote de pommes
1/4 c. à c. de cannelle en poudre
16 c. à s. de crème glacée à la vanille
3 c. à s. de crème fraîche épaisse
1 biscuit aux flocons d'avoine ou 1 sablé, émietté

Mettez la compote, la cannelle, la crème glacée et la crème dans le blender et faites tourner 1 min. Versez dans un verre et parsemez de miettes de biscuit. Servez aussitôt.

Voir variantes p. 255

Variantes

Smoothie fraises à la crème

Recette de base p. 235

Smoothie meringué
Suivez la recette de base. Au moment de servir, saupoudrez de miettes de 50 g de meringue.

Smoothie pêche à la crème
Suivez la recette de base, en remplaçant les fraises par 1 pêche pelée et dénoyautée et la crème glacée à la fraise par la même quantité de crème glacée à la vanille.

Smoothie framboises à la crème
Suivez la recette de base, en remplaçant les fraises par des framboises et la crème glacée à la fraise par de la crème glacée à la vanille, dans les mêmes quantités.

Smoothie fruits rouges à la crème
Suivez la recette de base, en remplaçant les fraises par la même quantité d'un mélange de fruits rouges.

Smoothie pêche Melba à la crème
Suivez la recette de base, en remplaçant les fraises par 1 pêche pelée et dénoyautée et la crème glacée à la fraise par la même quantité de crème glacée à la framboise.

Variantes

Forêt-noire à boire

Recette de base p. 236

Forêt-noire à boire, alcoolisée
Suivez la recette de base. Au moment de servir, ajoutez 2 c. à s. de kirsch.

Milk-shake cerises et chocolat
Suivez la recette de base, en supprimant la génoise au chocolat.

Milk-shake cerises et pépites de chocolat
Suivez la recette de base, en remplaçant la génoise au chocolat par 1 c. à s. de pépites de chocolat.

Milk-shake cerises, chocolat et germes de blé
Suivez la recette de base, en supprimant la génoise au chocolat. Ajoutez avant de mélanger 1 c. à s. de germes de blé.

Variantes

Smoothie mangue, mandarine et coco

Recette de base p. 239

Smoothie ananas, mandarine et coco
Suivez la recette de base, en remplaçant la mangue par 450 g d'ananas pelé et coupé en morceaux.

Smoothie mangue, ananas et coco
Suivez la recette de base, en remplaçant la mandarine par 6 cl de jus d'ananas.

Smoothie mangue et coco
Suivez la recette de base, en remplaçant la mandarine par 6 cl de jus de mangue.

Smoothie coco
Suivez la recette de base, en remplaçant la mangue et la mandarine par 12 cl de lait de coco.

Variantes

Smoothie made in Italie

Recette de base p. 240

Smoothie made in Italie au marsala
Suivez la recette de base. Diluez le café instantané dans 2 c. à s. de marsala.

Smoothie made in Italie à l'amaretto
Suivez la recette de base. Diluez le café instantané dans 2 c. à s. d'amaretto.

Smoothie made in Italie au Tia Maria®
Suivez la recette de base. Diluez le café instantané dans 2 c. à s. de Tia Maria®.

Smoothie made in Italie au Baileys®
Suivez la recette de base. Diluez le café instantané dans 2 c. à s. de Baileys®.

Variantes

Smoothie comme un trifle à la fraise

Recette de base p. 242

Smoothie comme un trifle à la framboise
Suivez la recette de base, en remplaçant les fraises par la même quantité de framboises.

Smoothie comme un trifle au xérès
Suivez la recette de base. Au moment de servir, ajoutez 2 c. à s. de xérès.

Smoothie comme un trifle aux fruits exotiques
Suivez la recette de base, en remplaçant les fraises par 225 g d'un mélange de fruits exotiques (ananas, mangue, litchi, papaye).

Smoothie comme un trifle aux fruits mélangés
Suivez la recette de base, en remplaçant les fraises par la même quantité d'une salade de fruits en conserve.

Smoothie comme un trifle au chocolat
Suivez la recette de base, en remplaçant les fraises par 2 c. à s. de coulis de chocolat et la crème glacée à la fraise par la même quantité de crème glacée au chocolat.

Variantes

Smoothie crémeux banane et vanille

Recette de base p. 243

Smoothie crémeux banane, vanille et cacahouètes au chocolat
Suivez la recette de base, en remplaçant la barre chocolatée par 35 g de cacahouètes enrobées de chocolat.

Smoothie crémeux banane, chocolat et cacahouètes au chocolat
Suivez la recette de base, en remplaçant la crème glacée à la vanille par la même quantité de crème glacée au chocolat et la barre chocolatée par 35 g de cacahouètes enrobées de chocolat.

Smoothie crémeux banane et chocolat
Suivez la recette de base, en remplaçant la crème glacée à la vanille par la même quantité de crème glacée au chocolat.

Smoothie crémeux banane et caramel
Suivez la recette de base, en remplaçant la crème glacée à la vanille par la même quantité de crème glacée au caramel.

Variantes

Pudding poire et gingembre dans un verre

Recette de base p. 244

Pudding poire, gingembre et mélasse dans un verre
Suivez la recette de base, en ajoutant avant de mélanger 1 c. à c. de mélasse noire.

Pudding poire et gingembre dans un verre, alcoolisé
Suivez la recette de base, en ajoutant avant de mélanger 2 c. à s. d'eau-de-vie de poire.

Pudding poire, rhubarbe et gingembre dans un verre
Suivez la recette de base, en remplaçant la poire par 115 g de compote de rhubarbe.

Pudding poire et rhubarbe dans un verre
Suivez la recette de base, en remplaçant la poire par 115 g de compote de rhubarbe, la crème glacée au gingembre par la même quantité de crème glacée à la vanille et les biscuits au gingembre par des biscuits aux flocons d'avoine.

Variantes

Smoothie façon crumble aux pommes

Recette de base p. 247

Smoothie façon crumble aux pommes, alcoolisé
Suivez la recette de base, en remplaçant la cannelle par 1 c. à c. d'un mélange quatre-épices et 2 c. à s. de calvados.

Smoothie façon crumble pommes et cassis
Suivez la recette de base, en remplaçant la compote de pommes par la même quantité de compote pommes-cassis.

Smoothie façon crumble pommes et rhubarbe
Suivez la recette de base, en ajoutant avant de mélanger 60 g de compote de rhubarbe.

Smoothie façon crumble à la rhubarbe
Suivez la recette de base, en remplaçant la compote de pommes par la même quantité de compote de rhubarbe.

Cocktails alcoolisés

Les adultes apprécieront ces cocktails veloutés, légèrement alcoolisés. À servir les soirs de fêtes ou à savourer lors d'un moment de détente, en fin de journée.

Martini à la pastèque

Pour 1 verre

Une boisson légère et rafraîchissante, idéale pour briser la glace en début de soirée !

225 g de pastèque, pelée et coupée en morceaux
6 glaçons
2 c. à s. de vodka
1 c. à s. de sirop de sucre de canne
2 c. à c. de Martini® blanc
2 feuilles de menthe
1 tranche de pastèque, pour la garniture

Passez la pastèque à la centrifugeuse. Versez le jus obtenu avec les glaçons, la vodka, le sirop de sucre de canne, le Martini® et les feuilles de menthe dans un shaker, puis secouez énergiquement pendant 30 s. Filtrez avec une passoire à cocktail, puis servez accompagné d'une tranche de pastèque.

Voir variantes p. 274

Margarita aux fruits de la Passion

Pour 1 verre

Malgré la petite quantité de jus obtenu, le fruit de la Passion, à la saveur très parfumée, sublime cette boisson tropicale.

Le jus de 6 fruits de la Passion, épépinés
6 glaçons
2 c. à s. de tequila
2 c. à c. de triple sec
1 c. à s. de sirop de sucre de canne
1 rondelle de fruit de la Passion, pour le décor

Mettez le jus des fruits de la Passion, les glaçons, la tequila, le triple sec et le sirop de sucre de canne dans un shaker et secouez énergiquement pendant 30 s. Filtrez avec une passoire à cocktail et versez dans un verre à martini. Décorez d'une rondelle de fruit de la Passion.

Voir variantes p. 275

Piña colada

Pour 1 verre

Préparez ce cocktail classique avec un blender, il n'en sera que plus onctueux. Laissez-vous ensuite porter par le subtil mélange de l'ananas, du rhum et du lait de coco.

225 g d'ananas, pelé et coupé en morceaux
6 cl de rhum blanc
6 cl de lait de coco
1 verre de glaçons
Eau gazeuse
1 tranche d'ananas, pour la garniture
Cerises marasquins, pour la garniture

Passez l'ananas à la centrifugeuse. Mettez le jus obtenu, le lait de coco, le rhum blanc et les glaçons dans le blender et faites tourner 1 min. Versez dans un verre haut ou une coupe et recouvrez d'un filet d'eau gazeuse. Servez garni d'une tranche d'ananas et de quelques cerises marasquins.

Voir variantes p. 276

Smoothie aux abricots, parfumé à l'amaretto

Pour 1 verre

Ce smoothie marie savoureusement l'amaretto, une liqueur italienne au goût d'amande amère, et les abricots, dont les noyaux servent à la préparation de cet alcool.

4 abricots très mûrs, dénoyautés
6 cl d'amaretto
6 cl de jus d'orange
8 c. à s. de yaourt nature à 20 % M. G.
2 amaretti, émiettés

Mettez les abricots, l'amaretto, le jus d'orange et le yaourt dans le blender et faites tourner 1 min ou jusqu'à obtention d'un mélange homogène. Versez dans un verre et parsemez des miettes de biscuit.

Voir variantes p. 277

Mojito clémentine et mangue

Pour 1 verre

Les arômes de ce cocktail exotique sont sublimés par une touche de menthe fraîche.

1 clémentine, pelée et coupée en quartiers
1 c. à c. de cassonade
Quelques feuilles de menthe
55 g de mangue, pelée, dénoyautée et coupée en morceaux
1 c. à s de rhum blanc
Glaçons
Eau gazeuse

Mettez la clémentine, la cassonade et les feuilles de menthe dans un verre haut. À l'aide d'un pilon à cocktail ou du manche d'une cuillère, écrasez ces ingrédients pour en dégager les saveurs. Passez la mangue à la centrifugeuse. Versez le jus obtenu et le rhum blanc dans le verre, puis mélangez délicatement. Remplissez le récipient de glaçons. Recouvrez d'eau gazeuse et servez aussitôt.

Voir variantes p. 278

Daiquiri glacé à la fraise

Pour 1 verre

Sirotez ce breuvage à la belle robe rouge avec des cristaux de glace pour un effet fraîcheur garanti !

200 g de fraises, équeutées
1 filet de jus de citron vert
1 c. à s. de sirop de sucre de canne
1 verre de glaçons
1 c. à s de rhum blanc

Mettez tous les ingrédients dans le blender et faites tourner jusqu'à obtenir un mélange homogène. Versez dans un verre et servez aussitôt.

Voir variantes p. 279

Gin fizz litchis, raisins et fleurs de sureau

Pour 1 verre

Un cocktail léger et parfumé, qu'un peu de champagne rendra encore plus séduisant.

75 g de litchis, pelés et dénoyautés
175 g de raisins blancs, épépinés
1 c. à s. de sirop de fleurs de sureau (voir recette p. 155)
1 c. à s. de gin
Glaçons
Champagne, pour le service

Passez les litchis et les raisins à la centrifugeuse. Versez le jus obtenu, le sirop de fleurs de sureau et le gin dans un shaker et secouez énergiquement pendant 30 sec. Versez dans un verre sur les glaçons, recouvrez de champagne et servez aussitôt.

Voir variantes p. 280

Cocktail papaye, orange et rhum

Pour 1 verre

La chair de la papaye, tendre et sucrée, rééquilibre parfaitement le jus d'orange, au goût acidulé. Ce cocktail, servi avec des glaçons, sera très apprécié durant la période estivale.

1 papaye, pelée et épépinée
6 cl de jus d'orange
1 c. à s de rhum ambré
Le jus de 1 citron vert
1 c. à c. de cassonade
1 verre de glaçons

Mettez tous les ingrédients dans le blender et faites tourner 1 min ou jusqu'à obtention d'un mélange homogène. Versez dans un verre avant de servir.

Voir variantes p. 281

Bloody Mary

Pour 1 verre

Un grand classique, revisité dans une version plus légère, moins consistante. Ce cocktail très rafraîchissant, à la différence de l'original, ne coupe pas l'appétit.

6 tomates
½ citron, pelé et coupé à vif
2 c. à s. de vodka
1 pincée de sel
1 pincée de sel de céleri + 1 pour le service
1 pincée de poivre noir + 1 pour le service
1 c. à s. de sauce Worcestershire
1 filet de Tabasco®
Glaçons, pour le service
1 branche de céleri, pour le service

Passez les tomates et le citron à la centrifugeuse. Versez le jus obtenu, la vodka, les sels, le poivre, la sauce Worcestershire et le Tabasco® dans un shaker et secouez énergiquement pendant 30 sec. Versez dans un verre haut sur les glaçons, puis assaisonnez de sel de céleri et de poivre. Servez accompagné d'une branche de céleri.

Voir variantes p. 282

Milk-shake raisins secs et rhum

Pour 1 verre

Ce milk-shake alcoolisé doit sa générosité et son onctuosité à la crème glacée. Qu'attendez-vous ? Laissez-vous tenter !

35 g de raisins secs
6 cl de rhum ambré
1 c. à s. de cassonade
20 c. à s. de crème glacée à la vanille
2 c. à s. de lait

La veille, mélangez les raisins secs avec le rhum et la cassonade. Laissez imbiber pendant une nuit entière. Le lendemain, mettez tous les ingrédients dans le blender et faites tourner 1 min ou jusqu'à obtention d'un mélange homogène. Versez dans un verre et servez aussitôt.

Voir variantes p. 283

Variantes

Martini à la pastèque

Recette de base p. 257

Martini à l'ananas
Suivez la recette de base, en remplaçant la pastèque par 450 g d'ananas pelé et coupé en morceaux.

Martini à la pomme
Suivez la recette de base, en remplaçant la pastèque par 2 pommes.

Martini pommes et melon
Suivez la recette de base, en remplaçant la pastèque par 2 pommes. Ajoutez avant de mélanger 1 c. à s. de liqueur de melon.

Martini à la fraise
Suivez la recette de base, en remplaçant la pastèque par 150 g de fraises équeutées.

Martini à la mangue
Suivez la recette de base, en remplaçant la pastèque par 225 g de mangue pelée, dénoyautée et coupée en morceaux.

Variantes

Margarita aux fruits de la Passion

Recette de base p. 258

Margarita au citron
Suivez la recette de base, en remplaçant les fruits de la Passion par 2 c. à s. de jus de citron.

Margarita au citron vert
Suivez la recette de base, en remplaçant les fruits de la Passion par 2 c. à s. de jus de citron vert.

Margarita au pamplemousse
Suivez la recette de base, en remplaçant les fruits de la Passion par le jus de ½ pamplemousse.

Margarita à la mandarine
Suivez la recette de base, en remplaçant les fruits de la Passion par le jus de 1 mandarine.

Variantes

Piña colada

Recette de base p. 261

Banana colada
Suivez la recette de base, en remplaçant l'ananas par 1 ½ banane pelée et coupée en quatre.

Mango colada
Suivez la recette de base, en remplaçant l'ananas par la même quantité de mangue pelée, dénoyautée et coupée en morceaux.

Papaya colada
Suivez la recette de base, en remplaçant l'ananas par la même quantité de papaye pelée, épépinée et coupée en morceaux.

Fresa colada
Suivez la recette de base, en remplaçant l'ananas par 150 g de fraises équeutées.

Cocktail chi-chi
Suivez la recette de base, en remplaçant le rhum par la même quantité de vodka.

Variantes

Smoothie aux abricots, parfumé à l'amaretto

Recette de base p. 262

Smoothie aux prunes, parfumé à l'amaretto
Suivez la recette de base, en remplaçant les abricots par la même quantité de prunes très mûres dénoyautées.

Smoothie aux pruneaux, parfumé à l'amaretto
Suivez la recette de base, en remplaçant les abricots par 6 pruneaux dénoyautés et trempés dans 3 c. à s. d'eau chaude pendant 30 min.

Smoothie aux abricots et prunes, parfumé à l'amaretto
Suivez la recette de base, en remplaçant 2 abricots par la même quantité de prunes très mûres dénoyautées.

Smoothie aux cerises, parfumé à l'amaretto
Suivez la recette de base, en remplaçant les abricots par 200 g de cerises au sirop.

Variantes

Mojito clémentine et mangue

Recette de base p. 265

Mojito au citron
Suivez la recette de base, en remplaçant la clémentine et la mangue par 1 citron pelé et coupé à vif.

Mojito au citron vert
Suivez la recette de base, en remplaçant la clémentine et la mangue par 2 citrons verts pelés et coupés à vif.

Mojito citron vert et fruits rouges
Suivez la recette de base, en remplaçant la clémentine par 1 citron vert pelé et coupé à vif et la mangue par 35 g d'un mélange de fruits rouges.

Mojito citron vert et fraises
Suivez la recette de base, en remplaçant la clémentine par 1 citron vert pelé et coupé à vif et la mangue par 35 g de fraises équeutées.

Mojito à l'ananas
Suivez la recette de base, en remplaçant la clémentine et la mangue par 225 g d'ananas pelé et coupé en morceaux.

Variantes

Daiquiri glacé à la fraise

Recette de base p. 266

Daiquiri glacé à la framboise
Suivez la recette de base, en remplaçant les fraises par la même quantité de framboises.

Daiquiri glacé à la pastèque
Suivez la recette de base, en remplaçant les fraises par la même quantité de pastèque pelée et coupée en morceaux.

Daiquiri glacé à la mangue
Suivez la recette de base, en remplaçant les fraises par 225 g de mangue pelée, dénoyautée et coupée en morceaux.

Daiquiri glacé à l'ananas
Suivez la recette de base, en remplaçant les fraises par 225 g d'ananas pelé et coupé en morceaux.

Variantes

Gin fizz litchis, raisins et fleurs de sureau

Recette de base p. 267

Gin fizz litchis, groseilles et fleurs de sureau
Suivez la recette de base, en remplaçant les raisins par 150 g de groseilles. Servez accompagné de quelques groseilles.

Gin fizz litchis, fraises et fleurs de sureau
Suivez la recette de base, en remplaçant les raisins par 150 g de fraises équeutées.

Gin fizz litchis, myrtilles et fleurs de sureau
Suivez la recette de base, en remplaçant les raisins par 150 g de myrtilles.

Gin fizz litchis, framboises et fleurs de sureau
Suivez la recette de base, en remplaçant les raisins par 150 g de framboises.

Variantes

Cocktail papaye, orange et rhum

Recette de base p. 269

Cocktail papaye, orange et vodka
Suivez la recette de base, en remplaçant le rhum par la même quantité de vodka.

Cocktail papaye, orange et whisky
Suivez la recette de base, en remplaçant le rhum par la même quantité de whisky.

Cocktail mangue, orange et rhum
Suivez la recette de base, en remplaçant la papaye par la même quantité de mangue pelée, dénoyautée et coupée en morceaux.

Cocktail ananas, orange et rhum
Suivez la recette de base, en remplaçant la papaye par la même quantité d'ananas pelé et coupé en morceaux.

Variantes

Bloody Mary

Recette de base p. 270

Bloody Mary à la mexicaine

Suivez la recette de base, en remplaçant le citron, le sel de céleri, la sauce Worcestershire et le Tabasco® par les mêmes quantités de citron vert, de cumin, de feuilles de coriandre et de Tabasco® au piment vert. Remplacez la branche de céleri par 1 tranche d'avocat.

Bloody Mary à la japonaise

Suivez la recette de base, en remplaçant le citron, le sel de céleri, la sauce Worcestershire et le Tabasco® par les mêmes quantités de citron vert, de wasabi, de sauce soja et de nanami togarashi (ou, à défaut, de piment moulu). Remplacez la branche de céleri par 1 tranche d'avocat.

Virgin Mary

Suivez la recette de base, en supprimant la vodka.

Bullshot

Suivez la recette de base, en remplaçant les tomates par 50 cl de bouillon de bœuf chaud. Supprimez la branche de céleri.

Variantes

Milk-shake raisins secs et rhum

Recette de base p. 273

Milk-shake pruneaux et rhum
Suivez la recette de base, en remplaçant les raisins secs par 45 g de pruneaux dénoyautés.

Milk-shake raisins secs et rhum, parfum chocolat
Suivez la recette de base, en remplaçant la crème glacée à la vanille par la même quantité de crème glacée au chocolat.

Milk-shake fruits exotiques et rhum
Suivez la recette de base, en remplaçant les raisins secs par la même quantité d'un mélange de fruits exotiques séchés.

Milk-shake fruits secs, citron et eau-de-vie
Suivez la recette de base, en remplaçant les raisins secs par la même quantité d'un mélange de fruits secs et d'écorce de citron confite, que vous aurez au préalable fait tremper dans un peu d'eau-de-vie.

Index

Recettes

B

Bloody Mary 270
Bloody Mary à la japonaise 282
Bloody Mary à la mexicaine 282
Bullshot 282
Virgin Mary 282
Boisson antirhume 107
Boisson antirhume à l'orange 121
Boisson antirhume au pamplemousse 121
Boisson antirhume extraforte 121
Boisson antirhume orange-citron 121
Boisson des sorcières 171
Boisson aux serpents de sorcière 181
Boisson des sorcières raisin-kiwi 181
Boisson des sorcières raisin-melon 181
Boisson rouge des sorcières 181
Boisson glacée au moka 212
Boisson épaisse glacée au moka 228
Boisson glacée moka et chocolat blanc 228
Boisson glacée moka et double chocolat 228
Boisson glacée moka et triple chocolat 228
Boisson glacée banane, ananas et coco 215
Boisson glacée banane, ananas, coco et Malibu® 229
Boisson glacée banane, ananas, coco et rhum 229
Boisson glacée banane, coco et pépites de chocolat 229
Boisson glacée papaye, ananas et coco 229
Breuvage d'automne 140
Jus pommes, poires et fraises 152
Jus pommes, poires et framboises 152
Jus pommes, poires et myrtilles 152
Jus pommes, poires et orange 152

C, D

Cocktail papaye, orange et rhum 269
Cocktail ananas, orange et rhum 281
Cocktail mangue, orange et rhum 281
Cocktail papaye, orange et vodka 281
Cocktail papaye, orange et whisky 281
Daiquiri glacé à la fraise 266
Daiquiri glacé à l'ananas 279
Daiquiri glacé à la framboise 279
Daiquiri glacé à la mangue 279
Daiquiri glacé à la pastèque 279
Douceur à la cannelle 103
Douceur poires, cannelle et vanille 119
Douceur poires et cannelle 119
Douceur pommes, cannelle et vanille 119
Douceur pommes et cannelle 119

F, G

Forêt-noire à boire 236
Forêt-noire à boire, alcoolisée 249
Milk-shake cerises, chocolat et germes de blé 249
Milk-shake cerises et chocolat 249
Milk-shake cerises et pépites de chocolat 249
Gin fizz litchis, raisins et fleurs de sureau 267
Gin fizz litchis, fraises et fleurs de sureau 280
Gin fizz litchis, framboises et fleurs de sureau 280
Gin fizz litchis, groseilles et fleurs de sureau 280
Gin fizz litchis, myrtilles et fleurs de sureau 280
Granité framboises et ananas 216
Granité à l'ananas 230
Granité à la framboise 230
Granité citron et ananas 230
Granité fraises et ananas 230
Granité framboises et pommes 230
Granité papaye et citron vert 223
Granité papaye et citron 233
Granité papaye et mandarines 233
Granité papaye et orange 233
Granité papaye et pamplemousse 233
Granité parfumé au café 220
Granité à la liqueur de café 232
Granité au café, aromatisé 232
Granité cacaoté 232
Granité café et Baileys® 232
Granité oranges et menthe 232
Granité pastèque et menthe 219
Granité fraises et menthe 231
Granité mangue et menthe 231
Granité oranges et menthe 231
Granité pommes et menthe 231

J

Jus ananas, citronnelle et cardamome 76
Jus ananas, citronnelle et gingembre 91
Jus ananas, citronnelle et menthe 91
Jus ananas, citronnelle et piment 91
Jus ananas, piment et gingembre 91
Jus aux 5 légumes 143
Jus aux 5 légumes Bloody Mary 153
Jus aux 5 légumes, légèrement acidulé 153
Jus aux 5 légumes, légèrement épicé 153
Jus aux 5 légumes Virgin Mary 153
Jus carotte, pomme, céleri et betteraves 139
Jus betteraves et céleri 151
Jus carotte, poire, céleri et betteraves 151
Jus carotte, pommes et betteraves 151
Jus carottes, céleri et betteraves 151
Jus d'agrumes 156
Jus clémentines, citron et citron vert 173
Jus mandarines et citron 173
Jus oranges et citron 173
Jus oranges et clémentines 173
Jus énergisant 100
Jus « 5 légumes par jour » 117
Jus betterave, épinards et concombre 117
Jus énergisant, épicé 117
Jus épinards et concombre 117
Jus framboises et nectarines 55
Jus abricots et nectarines 67
Jus fraises et nectarines 67
Jus mûres et nectarines 67
Jus myrtilles et nectarines 67
Jus quetsches et nectarines 67
Jus mandarines, citronnelle, piment et menthe 71
Jus mandarines, citronnelle, piment et menthe, acidulé 88
Jus mangue, citronnelle et piment 88
Jus oranges, citronnelle et piment 88
Jus pamplemousse, citronnelle et piment 88
Jus nectarines, clémentines et fleur d'oranger 79
Jus ananas, clémentines et fleur d'oranger 92
Jus mangue, clémentines et fleur d'oranger 92
Jus nectarines, clémentines et eau de rose 92
Jus papaye, clémentines et fleur d'oranger 92
Jus pêches, clémentines et fleur d'oranger 92
Jus oranges, mangue et citron vert 135
Jus ananas, mangue et citron vert 149
Jus ananas, mangue, fruits de la Passion et citron vert 149
Jus mangues et citron vert 149
Jus mangues, fruits de la Passion et citron vert 149
Jus pamplemousse, fraises et basilic 84
Jus ananas, fraises et basilic 96
Jus mandarines, fraises et basilic 96
Jus oranges, fraises et basilic 96
Jus pommes, fraises et basilic 96
Jus pastèque et fraises 87
Jus pastèque, fraises et basilic 97
Jus pastèque, fraises et citronnelle 97
Jus pastèque, fraises et menthe 97
Jus pastèque, fraises et piment 97
Jus pétillant fraises et nectarines 167
Jus pétillant à la fraise 179
Jus pétillant à la nectarine 179
Jus pétillant fraises et framboises 179
Jus pétillant framboises et nectarines 179
Jus pommes, airelles et oranges 136
Jus pêches, airelles et oranges 150
Jus pommes, airelles, oranges et fraises 150
Jus pommes, airelles, oranges et framboises 150
Jus pommes, airelles, oranges et menthe 150
Jus pommes et airelles 150

Jus pommes, cassis et fleurs de sureau 155
Jus pommes et fleurs de sureau 172
Jus pommes, fraises et fleurs de sureau 172
Jus pommes, framboises et fleurs de sureau 172
Jus pommes, mûres et fleurs de sureau 172
Jus pommes et oranges 54
Jus ananas et oranges 66
Jus ananas et poires 66
Jus poires et oranges 66
Jus pommes et ananas 66
Jus purifiant 104
Jus purifiant concombre et cresson 120
Jus purifiant concombre et menthe 120
Jus purifiant pommes et concombre 120
Jus purifiant pommes et melon 120
Jus réveille-matin 52
Jus réveille-matin à l'eau de rose 65
Jus réveille-matin à la fleur d'oranger 65
Jus réveille-matin à la menthe 65
Jus réveille-matin au gingembre 65
Jus réveille-matin gingembre et piment 65
Jus rouge vif 131
Jus betteraves et carottes 146
Jus betteraves et gingembre 146
Jus betteraves, oranges et gingembre 146
Jus carottes et gingembre 146
Jus thé vert, pomme et raisins 83
Jus thé vert et ananas 95
Jus thé vert et mangue 95
Jus thé vert et pêches 95
Jus thé vert et pomme 95

L

Lassi fraises et menthe 192
Lassi à la fraise 203
Lassi fraises et eau de rose 203
Lassi fraises, litchis et eau de rose 203
Lassi fraises, menthe et eau de rose 203
Lassi mangue et cardamome 195
Lassi à la mangue 204
Lassi mangue, cardamome et coco 204
Lassi mangue et citronnelle 204
Lassi mangue et menthe 204
Lassi mangue et piment 204
Le plein de vitamine C 99
Encore plus de vitamine C 116
Jus kiwi et orange 116
Le plein de vitamine C, version tropicale 116
Toujours plus de vitamine C 116
Lendemain de fête 101
Jus airelles, raisins, gingembre et citron 118
Jus oranges, airelles, raisins et gingembre 118
Jus pomme, airelles, raisins et gingembre 118
Jus pommes, airelles et raisins 118
Limonade à l'ananas 166
Citronnade 178
Limonade à la cerise 178
Limonade à la pomme 178
Limonade ananas et menthe 178
Orangeade 178
Limonade litchis, framboises et eau de rose 72
Limonade litchis, fraises et eau de rose 89
Limonade litchis, groseilles et eau de rose 89
Limonade litchis, mûres et eau de rose 89
Limonade litchis, myrtilles et eau de rose 89

M

Margarita aux fruits de la Passion 258
Margarita à la mandarine 275
Margarita au citron 275
Margarita au citron vert 275
Margarita au pamplemousse 275
Martini à la pastèque 257
Martini à l'ananas 274
Martini à la fraise 274
Martini à la mangue 274
Martini à la pomme 274
Martini pommes et melon 274
Méli-mélo de melons 133
Méli-mélo de melons à l'eau de rose 148
Méli-mélo de melons à la fleur d'oranger 148
Méli-mélo de melons à la menthe 148
Méli-mélo de melons et fraises 148
Milk-shake à la banane 183
Milk-shake banane, chocolat et germes de blé 198
Milk-shake banane et beurre de cacahouètes 198
Milk-shake banane et chocolat 198
Milk-shake banane et germes de blé 198
Milk-shake aux fruits rouges 187
Milk-shake fruits rouges et chocolat 200
Milk-shake fruits rouges et eau de rose 200
Milk-shake fruits rouges et germes de blé 200
Milk-shake fruits rouges et gingembre 200
Milk-shake chocolat et orange 191
Milk-shake chocolat et café 202
Milk-shake chocolat et confiture de lait 202
Milk-shake chocolat et menthe 202
Milk-shake chocolat, orange et germes de blé 202
Milk-shake chocolat et petites guimauves 163
Milk-shake chocolat blanc et coulis de fraises 176
Milk-shake chocolat blanc et petites guimauves 176
Milk-shake chocolat, orange et petites guimauves 176
Milk-shake moka et petites guimauves 176
Milk-shake tout chocolat 176
Milk-shake fraises et pastèque 196
Milk-shake à la pastèque 205
Milk-shake fraises et melon d'hiver 205
Milk-shake fraises, pastèque et eau de rose 205
Milk-shake fraises, pastèque et germes de blé 205
Milk-shake framboises et pastèque 205
Milk-shake framboises et chocolat blanc 184
Milk-shake au chocolat blanc 199
Milk-shake chocolat blanc et germes de blé 199
Milk-shake double chocolat 199
Milk-shake framboises, chocolat blanc et germes de blé 199
Milk-shake poire, chocolat et gingembre 188
Milk-shake généreux poire, chocolat et gingembre 201
Milk-shake poire, chocolat et germes de blé 201
Milk-shake poire et chocolat 201
Milk-shake poire et double chocolat 201
Milk-shake raisins secs et rhum 273
Milk-shake fruits exotiques et rhum 283
Milk-shake fruits secs, citron et eau-de-vie 283
Milk-shake pruneaux et rhum 283
Milk-shake raisins secs et rhum, parfum chocolat 283
Mojito clémentine et mangue 265
Mojito à l'ananas 278
Mojito au citron 278
Mojito au citron vert 278
Mojito citron vert et fraises 278
Mojito citron vert et fruits rouges 278

O, P

Or vert 127
Or vert céleri, épinards et concombre 144
Or vert céleri, pomme et kiwi 144
Or vert céleri, pommes et concombre 144
Or vert pommes, poires et kiwis 144
Petit déjeuner bucolique 59
Petit déjeuner bucolique, épicé 69
Smoothie pomme et mûres 69
Smoothie pomme et poire 69
Smoothie pomme, poire et rhubarbe 69

Piña colada 261
Banana colada 276
Cocktail chi-chi 276
Fresa colada 276
Mango colada 276
Papaya colada 276
Pour une future maman 108
Pour une future maman au céleri 122
Pour une future maman brocoli et citron vert 122
Power smoothie 111
Power smoothie à l'aloe vera 123
Power smoothie à l'ananas 123
Power smoothie au guarana 123
Power smoothie au miel de manuka 123
Pudding poire et gingembre dans un verre 244
Pudding poire et gingembre dans un verre, alcoolisé 254
Pudding poire, gingembre et mélasse dans un verre 254
Pudding poire et rhubarbe dans un verre 254
Pudding poire, rhubarbe et gingembre dans un verre 254
Pur jus 132
Pur jus concombre et céleri 147
Pur jus concombre, pommes et menthe 147
Pur jus melon, concombre et menthe 147
Pur jus melon et concombre 147

S

Smoothie à l'abricot 43
Smoothie à la myrtille 60
Smoothie abricots et fraises 60
Smoothie abricots et germe de blé 60
Smoothie pêche et banane 60
Smoothie abricots et chocolat blanc 210
Smoothie confiture de lait et chocolat blanc 226
Smoothie fraises et chocolat blanc 226
Smoothie menthe et chocolat blanc 226
Smoothie vanille et chocolat blanc 226
Smoothie au moka 56
Smoothie au café 68
Smoothie crémeux au moka 68
Smoothie double moka 68
Smoothie façon cappuccino 68
Smoothie orange et chocolat 68
Smoothie aux abricots, parfumé à l'amaretto 262
Smoothie aux abricots et prunes, parfumé à l'amaretto 277
Smoothie aux cerises, parfumé à l'amaretto 277
Smoothie aux pruneaux, parfumé à l'amaretto 277
Smoothie aux prunes, parfumé à l'amaretto 277
Smoothie banane et confiture de lait 164
Smoothie banane, confiture de lait et chocolat 177
Smoothie banane et chocolat 177
Smoothie fraises et confiture de lait 177
Smoothie pêches et confiture de lait 177
Smoothie banane et fraises 17
Smoothie à la fraise 33
Smoothie banane et framboises 33
Smoothie banane, fraises et orange 33
Smoothie fraises et orange 33
Smoothie banane, pêche et fraises 47
Smoothie banane, abricots et fraises 62
Smoothie banane et pêches 62
Smoothie banane, pêche et fraises, lacté 62
Smoothie banane, pêche et mûres 62
Smoothie beurre de cacahouètes et confiture de fraises 160
Smoothie beurre de cacahouètes et chocolat 175
Smoothie beurre de cacahouètes et gelée de cassis 175
Smoothie beurre de cacahouètes et gelée de framboise 175
Smoothie beurre de cacahouètes et gelée de mûre 175
Smoothie beurre de cacahouètes et marmelade d'oranges 175
Smoothie brûle-graisses 115
Smoothie brûle-graisses au gingembre 125
Smoothie brûle-graisses au thé vert 125
Smoothie brûle-graisses, lacté 125
Smoothie fruits rouges, airelles et pomme 125
Smoothie cheesecake à la fraise 168
Smoothie cheesecake à la framboise 180
Smoothie cheesecake à la mûre 180
Smoothie cheesecake à la rhubarbe 180
Smoothie cheesecake façon tiramisu 180
Smoothie chocolat et pistaches 208
Smoothie chocolat blanc et pistaches 225
Smoothie chocolat blanc, pistaches et fleur d'oranger 225
Smoothie chocolat et amandes 225
Smoothie chocolat, pistaches et fleur d'oranger 225
Smoothie comme un trifle à la fraise 242
Smoothie comme un trifle à la framboise 252
Smoothie comme un trifle au chocolat 252
Smoothie comme un trifle au xérès 252
Smoothie comme un trifle aux fruits exotiques 252
Smoothie comme un trifle aux fruits mélangés 252
Smoothie crémeux banane et vanille 243
Smoothie crémeux banane, vanille et cacahouètes au chocolat 253
Smoothie crémeux banane, chocolat et cacahouètes au chocolat 253
Smoothie crémeux banane et chocolat 253
Smoothie crémeux banane et caramel 253
Smoothie énergétique 51
Smoothie énergétique au blé 64
Smoothie énergétique au chocolat 64
Smoothie énergétique au soja 64
Smoothie énergétique au son 64
Smoothie énergétique aux noix 64
Smoothie exotique 48
Smoothie australien 63
Smoothie exotique noix et amandes 63
Smoothie fruit de la Passion et papaye 63
Smoothie fruits de la Passion, mangue et ananas 63
Smoothie tropical 63
Smoothie façon crumble aux pommes 247
Smoothie façon crumble à la rhubarbe 255
Smoothie façon crumble aux pommes, alcoolisé 255
Smoothie façon crumble pommes et cassis 255
Smoothie façon crumble pommes et rhubarbe 255
Smoothie fort en fibres 112
Smoothie extrafort en fibres 124
Smoothie fort en fibres à l'huile de lin 124
Smoothie fort en fibres à la figue 124
Smoothie fort en fibres figues et huile de lin 124
Smoothie fraises à la crème 235
Smoothie framboises à la crème 248
Smoothie fruits rouges à la crème 248
Smoothie meringué 248
Smoothie pêche à la crème 248
Smoothie pêche Melba à la crème 248
Smoothie fraises et abricots 18
Smoothie fraises, abricots et orange 34
Smoothie fraises, abricots et pomme 34
Smoothie fraises, pêche et pomme 34
Smoothie framboises et abricots 34
Smoothie glacé mangue, ananas et papaye 207
Smoothie glacé mangue, ananas, fruits de la Passion et papaye 224
Smoothie glacé mangue et papaye 224
Smoothie glacé mangue et papaye, alcoolisé 224
Smoothie glacé mangue, fruits de la Passion et papaye 224
Smoothie made in Italie 240
Smoothie made in Italie à l'amaretto 251
Smoothie made in Italie au Baileys® 251
Smoothie made in Italie au marsala 251
Smoothie made in Italie au Tia Maria® 251
Smoothie mangue, coco et citron vert 75
Smoothie mangue, ananas, coco et citron vert 90

Smoothie mangue, coco, citron vert et basilic 90
Smoothie mangue, coco, citron vert et menthe 90
Smoothie mangue, coco, citron vert et piment 90
Smoothie mangue, coco, citron vert, piment et menthe 90
Smoothie mangue et fruits de la Passion 22
Smoothie mangue, fruits de la Passion et ananas 36
Smoothie mangue, fruits de la Passion et citron vert 36
Smoothie mangue, fruits de la Passion et eau de rose 36
Smoothie mangue, fruits de la Passion et orange 36
Smoothie mangue, fruits de la Passion, orange et ananas 36
Smoothie mangue, mandarine et coco 239
Smoothie ananas, mandarine et coco 250
Smoothie coco 250
Smoothie mangue, ananas et coco 250
Smoothie mangue et coco 250
Smoothie melon et kiwis 29
Smoothie aux kiwis 40
Smoothie melon, kiwis et ananas 40
Smoothie melon, kiwis et orange 40
Smoothie melon, kiwis et pomme 40
Smoothie menthe et pépites de chocolat 211
Smoothie éclats de menthe et pépites de chocolat 227
Smoothie épais menthe et pépites de chocolat 227
Smoothie menthe et double chocolat 227
Smoothie menthe et pépites de chocolat, alcoolisé 227
Smoothie mûres et cassis 31
Smoothie mûres, cassis et orange 41
Smoothie mûres, cassis et pomme 41
Smoothie mûres et myrtilles 41
Smoothie mûres et pomme 41
Smoothie mûres et framboises 25
Smoothie à la framboise 37
Smoothie à la mûre 37
Smoothie framboises et orange 37
Smoothie mûres et orange 37
Smoothie myrtilles et fraises 26
Smoothie myrtilles, fraises et ananas 38
Smoothie myrtilles, fraises et orange 38
Smoothie myrtilles, fraises et pomme 38
Smoothie myrtilles, framboises et pomme 38
Smoothie myrtilles, framboises, pêche et orange 44
Smoothie myrtilles et orange 61
Smoothie myrtilles et pêche 61
Smoothie myrtilles, framboises, pêche et pomme 61
Smoothie pêches, framboises et orange 61
Smoothie oranges, dattes et fleur d'oranger 82
Smoothie oranges, abricots secs et fleur d'oranger 94
Smoothie oranges et abricots secs 94
Smoothie oranges et dattes 94
Smoothie oranges, raisins secs et fleur d'oranger 94
Smoothie papaye et mangue 28
Smoothie à la papaye 39
Smoothie mangue, papaye et ananas 39
Smoothie mangue, papaye et orange 39
Smoothie papaye et citron vert 39
Smoothie papaye, fraises et pistaches 80
Smoothie papaye, fraises et eau de rose 93
Smoothie papaye, fraises et menthe 93
Smoothie papaye, framboises et pistaches 93
Smoothie papaye, mûres et pistaches 93
Smoothie pêche et framboises 15
Smoothie framboises et orange 32
Smoothie pêche et orange 32
Smoothie pêche, framboises et menthe 32
Smoothie pêche, framboises et orange 32
Smoothie pêche Melba 159
Smoothie banane Melba 174
Smoothie fraises Melba 174
Smoothie mangue Melba 174
Smoothie pêche Melba, coulis de myrtilles 174
Smoothie quetsches et fruits de la Passion 21
Smoothie aux quetsches 35
Smoothie quetsches et orange 35
Smoothie quetsches et rhubarbe 35
Smoothie quetsches, fruits de la Passion et orange 35
Smoothie quetsches, fruits de la Passion et pomme 35
Sunrise 128
Jus oranges, carottes et coriandre 145
Jus oranges et carottes 145
Jus pommes, carottes et menthe 145
Jus pommes et carottes 145

Ingrédients

A

abricot 18, 43, 62, 67, 210, 262
abricot sec 94
airelle 101, 111, 115, 118, 136
aloe vera (jus d') 115, 123
amande 63, 225
amaretto 251, 262
ananas 66, 76, 90, 92, 95, 96, 123, 149, 166, 207, 215, 216, 230, 250, 252, 261, 274, 278, 279, 281
jus d'ananas 36, 38, 39, 40, 48, 250
avocat 282

B

Baileys® 232, 251
banane 17, 47, 48, 51, 56, 60, 111, 112, 160, 164, 174, 183, 215, 229, 243, 276
basilic 84, 90, 97
betterave 100, 117, 131, 139, 146
biscuit 164, 168, 201, 244, 247, 262
amaretti 262
biscuit à la cuillère 240
biscuit au gingembre 164, 168, 201, 244
biscuit aux flocons d'avoine 247, 254
sablés 247
blé
germes de blé 60, 64, 198, 199, 200, 201, 202, 205, 249
herbe de blé 104
bouillon de bœuf 282
brocoli 108, 122, 143

C

cacahouètes *voir* chocolat
beurre de cacahouètes 51, 160, 198
cacao 56, 232, 240
café
café instantané 202, 212, 220, 240
café expresso 56, 68, 176
voir aussi liqueur
cannelle 69, 103, 247
caramel *voir* coulis, crème glacée
cardamome 76, 195
carotte 100, 101, 128, 131, 139, 143, 146
cassis 31, 99, 155
voir aussi gelée
céleri
branche de céleri 101, 122, 127, 132, 139, 143, 151, 270
sel de céleri 153, 270
cerise 178, 236
cerise au sirop 277
cerise marasquin 261
champagne 267
chili (sauce) 153
chocolat 163, 177, 211, 243
barre chocolatée 243
cacahouètes enrobées de chocolat 253
génoise au chocolat 236
pâte à tartiner au chocolat 64, 175
pépites de chocolat 199, 228, 229
vermicelles de chocolat 201
voir aussi coulis, crème glacée
citron 52, 59, 107, 118, 119, 153, 155, 156, 159, 178, 230, 233, 270, 275, 278
citron vert 36, 39, 63, 75, 76, 88, 108, 127, 135, 153, 173, 223, 266, 269, 275, 278, 282
écorce de citron confite 283
citronnelle (tige de) 71, 76, 97, 204
clémentine 79, 156, 265
coco *voir* crème glacée, lait
compote
compote de pommes 255
compote de rhubarbe 35, 180, 254, 255
concombre 100, 104, 117, 120, 127, 132, 144, 147
confiture
confiture de fraises 160, 168
confiture de lait 164, 202, 226
coriandre (feuilles de) 145, 282

coulis
coulis de chocolat 163, 177, 227, 252
coulis de fraises 176
crème anglaise 242
crème fraîche épaisse 68, 227, 228, 232, 235, 236, 240, 243, 244, 247
crème glacée
crème glacée à la fraise 235
crème glacée à la framboise 242, 248
crème glacée à la menthe aux éclats de chocolat noir 211
crème glacée à la noix de coco 215, 239
crème glacée à la vanille 183, 187, 196, 240, 243, 247, 248, 254, 273
crème glacée au caramel 253
crème glacée au chocolat 163, 188, 191, 198, 200, 202, 208, 212, 236, 252, 253, 283
crème glacée au chocolat blanc 176, 184, 199, 207, 210, 225, 228
crème glacée au gingembre 200, 244
cresson 104, 143
cumin 282

D, E
datte 82, 94
eau
eau de fleur d'oranger 65, 79, 82, 92, 148, 225
eau de rose 36, 65, 72, 92, 93, 148, 200, 203, 205
eau gazeuse 72, 166, 167, 261, 265
eau-de-vie 121, 254, 283
épinard (pousse d') 100, 127, 144

F
figue sèche 124
fleurs de sureau *voir* sirop
flocons d'avoine 43
voir aussi biscuit
fraise 17, 18, 26, 33, 47, 60, 67, 80, 84, 87, 89, 115, 116, 148, 150, 152, 167, 168, 172, 174, 177, 187, 192, 196, 226, 230, 231, 235, 242, 266, 274, 276, 278, 280
voir aussi confiture, coulis, crème glacée
framboise 15, 25, 33, 34, 38, 44, 55, 72, 93, 115, 150, 152, 159, 172, 179, 184, 187, 205, 216, 248, 252, 279, 280
voir aussi crème glacée, gelée
fruit de la Passion 21, 22, 48, 63, 149, 224, 258

G, H
gelée
gelée de cassis 175
gelée de framboise 175, 180
gelée de mûre 175, 180
gelée de rhubarbe 180
génoise 236
gin 267, 280
gingembre (racine de) 65, 91, 101, 107, 125, 128, 131, 188
voir aussi biscuit, crème glacée
groseille 89, 99, 280
guarana en poudre 115, 123
guimauve 163
huile de lin 124

K, L
Kahlùa *voir* liqueur de café
kirsch 249
kiwi 29, 40, 99, 116, 127, 144, 171, 181
lait
lait de coco 75, 90, 204, 215, 261
lait de soja 64, 198
liqueur
liqueur de café 232, 251
liqueur de melon 274
litchi 11, 72, 89, 203, 252, 267, 280

M
maccha *voir* thé vert japonais
Malibu® 229
mandarine 71, 96, 173, 233, 239, 275
mangue 22, 28, 48, 75, 88, 92, 95, 116, 135, 149, 174, 195, 207, 224, 231, 239, 252, 265, 274, 276, 279, 281
jus de mangue 250
marmelade d'oranges 68, 175, 176
marsala 251
mascarpone 168, 180, 240
melon 29, 104, 120, 132, 133, 171, 181, 205
voir aussi liqueur
menthe (feuilles de) 32, 65, 71, 90, 91, 93, 97, 120, 132, 145, 148, 150, 178, 192, 204, 219, 257, 265
bonbons à la menthe 227
crème de menthe 227
extrait de menthe 202, 226
voir aussi crème glacée
meringue 248
miel 18, 25, 43, 44, 47, 59, 159
de manuka 107, 123
mûre 25, 31, 59, 62, 67, 69, 89, 93, 116, 140, 172, 180, 187
voir aussi gelée
muscade 69
myrtille 26, 41, 44, 60, 61, 67, 89, 111, 115, 152, 174, 187, 280

N, O
nanami togarashi 282
nectarine 55, 79, 167, 179
noix 63, 64
noix de coco *voir* crème glacée
noix de macadamia 63
noix du Brésil 48
orange 52, 54, 82, 88, 96, 99, 116, 118, 121, 135, 136, 145, 146, 152, 156, 173, 178, 191, 231, 233
jus d'orange 32, 33, 34, 35, 36, 37, 38, 39, 40, 41, 44, 47, 111, 112, 262, 269
voir aussi marmelade d'oranges

P
pamplemousse 52, 84, 88, 121, 233, 275
papaye 28, 39, 63, 80, 92, 116, 207, 223, 229, 252, 269, 276, 281
pastèque 87, 133, 181, 196, 205, 219, 257, 279
pêche 15, 34, 44, 47, 60, 61, 62, 92, 95, 150, 159, 177, 248
persil 143
piment rouge 65, 71, 90, 91, 97, 204
voir aussi Tabasco®
pistache 80, 208
poire 59, 66, 69, 103, 119, 127, 140, 144, 151, 188, 244
poivron rouge 117, 143
pomme 54, 59, 69, 83, 95, 96, 101, 103, 104, 108, 119, 120, 127, 128, 136, 139, 140, 144, 147, 150, 151, 152, 155, 171, 172, 178, 181, 230, 231, 247, 274
jus de pomme 34, 35, 38, 40, 41, 43, 61, 115
voir aussi compote
prune 181, 255, 277
pruneau 112, 277, 283

Q, R
quatre-épices (mélange) 69, 255
quetsche 21, 35, 67, 181, 277
raisin
blanc 83, 171, 181, 267
noir 181
sec 94, 101, 118, 273
rose *voir* crème glacée, eau
rhubarbe 59
voir aussi compote, gelée
rhum
rhum ambré 224, 229, 269, 273
rhum blanc 261, 265, 266
romarin (brin de) 107

S
sirop
sirop aromatisé 232
sirop de fleurs de sureau 155, 267
sirop de sucre de canne 230, 257, 258, 266
soja
lait de soja 64
sauce soja 282
son 64
spiruline 111

T
Tabasco® 117, 153, 270, 282
tequila 258
thé vert japonais (maccha) 83, 125
Tia Maria® *voir* liqueur de café
tomate 143, 270
triple sec 258

V
vanille 119, 168, 226
voir aussi crème glacée
vodka 153, 257, 270, 276, 281

W, X, Y
wasabi 282
whisky 281
Worcestershire (sauce) 117, 153, 270
xérès 252
yaourt 15, 17, 18, 21, 22, 25, 26, 28, 29, 31, 43, 44, 59, 62, 80, 82, 111, 112, 125, 159, 160, 164, 168, 192, 195, 262